论语

（春秋）孔子 著　鲍鹏山 译注

中华优秀传统文化经典丛书
总主编　楼宇烈

西苑出版社
XIYUAN PUBLISHING HOUSE
·北京·

图书在版编目（CIP）数据

论语 /（春秋）孔子著 ; 鲍鹏山译注. — 北京 : 西苑出版社，2023.12

（中华优秀传统文化经典丛书 / 楼宇烈主编）

ISBN 978-7-5151-0892-6

Ⅰ. ①论… Ⅱ. ①孔… ②鲍… Ⅲ. ①《论语》—译文②《论语》—注释 Ⅳ. ①B222.2

中国国家版本馆CIP数据核字(2023)第184371号

论　语

LUNYU

作　　者（春秋）孔子
译　　注 鲍鹏山
策　　划 善品堂®藏書
责任编辑 彭洪清
特约编辑 刘　静
责任校对 杨　超
责任印制 李仕杰
开　　本 889毫米×1194毫米　1/32
印　　张 14.25
字　　数 210千字
版　　次 2023年12月第1版
印　　次 2023年12月第1次印刷
印　　刷 天津鑫旭阳印刷有限公司
书　　号 ISBN 978-7-5151-0892-6
定　　价 86.00元

出版发行 西苑出版社有限公司　北京市朝阳区利泽东二路3号　邮编：100102
发 行 部（010）84254364
编 辑 部（010）64210080
总 编 室（010）88636419
电子邮箱 xiyuanpub@163.com
法律顾问 北京同清律师事务所　13001187977

出版缘起

文化是一个国家、一个民族的灵魂。泱泱华夏，五千年文明历史所孕育的中华优秀传统文化，是中华民族生生不息、发展壮大的丰厚土壤。

党的十八大以来，以习近平同志为核心的党中央高度重视中华优秀传统文化的传承与发展。2013 年 11 月 26 日，习近平总书记在山东曲阜孔府和孔子研究院考察时强调，要大力弘扬中国传统文化。2022 年 6 月 8 日，习近平总书记在四川眉山三苏祠考察时指出："要善于从中华优秀传统文化中汲取治国理政的理念和思维。"2017 年 1 月，中共中央办公厅、国务院办公厅印发《关于实施中华优秀传统文化传承发展工程的意见》，系统部署传承发展中华优秀传统文化的战略任务，把传承中华优秀传统文化提升到新的历史高度。2022 年 4 月，中共中央办公厅、国务院办公厅印发《关于推进新时代古籍工作的意见》，明确指出，要完善古籍工作体系、提升古籍工作质量，“挖掘古籍时代价值”，“促进古籍有效利用”，“做好古籍普及传播”。

中华传统文化是中华民族的“根”与“魂”。文化兴则国家兴，文化强则民族强。没有高度的文化自信，没有文化的繁荣兴盛，就没有中华民族的伟大复兴。党的十九届六中全会强调，要“推动中华优秀传统文化创造性转化、创新性发展”。为适应全民阅读、共读经典的时代需求，我们组织出版《中华优秀传统文化经典丛书》，以展示古籍研究领域的成果，推广、普及中华优秀传统文化经典，传承、弘扬中华优秀传统文化，提振当代中国人的文化自信。

激活经典，熔古铸今。丛书精选中华优秀传统文化经典，既选取广为人知的历史沉淀下来的传世经典，也增选极具价值但多部大型丛书未曾选入的珍稀出土文献（如诸多竹简、帛书典籍），充分展示中华传统文化的历史脉络与宏富多元。丛书由众多学识渊博的专家学者担任编委，遴选各领域杰出研究者与传承人担任解读（或译注）作者，切实保证作品品质。

丛书定位为中华优秀传统文化经典普及读物，力求能让广大读者亲近经典、阅读经典，充分领略和感受中华优秀传统文化的魅力，并从中获益。为此，解读者（或译注者）以当代价值需求为切入点解读古代典籍，全方位解决古文存在的难读难解、难以亲近的问题，让中华优秀传统文化贴近现实生活，走进人们的心中，最大限度地发挥文化人的作用。

“问渠那得清如许？为有源头活水来。”博大精深的中华文化源远流长，五千年文脉绵延不绝，中华优秀传统文化是中华儿女奋发图强、继往开来、实现中华民族伟大复兴的强大精神来源。“洒扫应对，莫非学问。”读者诸君若能常读经典、读好经典，真正把传统文化的精义、真髓切实融入生活和工作，那各位的知与行也一定能让生活充满希望，让工作点亮未来，让国家昌盛，让世界更美好！

丛书编委会

2022 年 6 月 9 日

导　言

一

《论语》是一部记录孔子及其弟子言行的语录体著作。《汉书·艺文志》说：“《论语》者，孔子应答弟子时人及弟子相与言而接闻于夫子之语也。当时弟子各有所记。夫子既卒，门人相与辑而论纂，故谓之《论语》。”

也就是说，“论”是编纂，“语”是言语。由孔门弟子乃至再传弟子们编纂的《论语》，集中再现了孔子的言行，凸显了孔子的思想，可以说是中华传统文化中一本最核心的著作，是一个民族的“圣经”。

一般认为，《论语》成书于战国时期，到汉代，形成了《齐论》《鲁论》和《古论》三个主要版本。

这些版本的文字、篇章顺序均有差异。汉成帝的老师张禹综合各家所长，编订出一个新的版本，被称为《张侯论》，这就是今本《论语》的来源。此后，其余各家版本逐渐失传。

自从《论语》编成，天下读书人没有不读《论语》的。《论语》关乎家国理想或理想的家国，关乎人格理想或理想的人格，甚至它还是语言范本，关乎理想的文字。它获得国家意志的供奉，也获得民间道义的认同。一本小书，在一代又一代人的虔诚阅读和信奉中，嵌入了人类精神史，成为几千年里全体中国人公共道德信仰的基石，也成为古代中国人评判社会、政治、文化、道德行为的最后和最高价值依据。

二

要了解《论语》，涉及对孔子及其思想、历史地位的理解和整体把握。

孔子(前551—前479)，名丘，字仲尼，生于春秋时期鲁国昌平乡陬邑(今山东曲阜市)。柳诒徵先生说：“孔子者，中国文化之中心也。无孔子则无中国文化。自孔子以前数千年之文化，赖孔子而传；自孔子以后数千年之文化，赖孔子而开。”(《中国文化史》)

可见，要评价孔子，需将孔子放到中华五千年文明史乃至世界史的框架中，来整体考察孔子何以为孔子、孔子的地位和影响，以及孔子和《论语》的现代价值。

第一，自孔子以前数千年之文化，赖孔子而传。

孔子“好古”(《论语·述而》)，他最尊崇的是周朝：“郁郁乎文哉！吾从周。”(《论语·八佾》)他以周朝礼乐制度的继承人自期：“文王既没，文不在兹乎？”(《论语·子罕》)他尤为仰慕周朝礼乐制度的奠基人周公，经常“梦见周公”(《论语·述而》)。

孔子推崇周制的根本原因，是周文化所体现的民本思想、人文精神、理想政治和历史理性。他认为周文化源远流长，其源头可以上溯到黄帝、颛顼、尧舜。

孔子对尧舜以来的中国历史文化，有过广泛的学习、研究、整理和传承。据《史记·孔子世家》记述，孔子在整理古代历史文化方面的贡献主要有：编订《尚书》；整理三代之礼；编订《诗经》；整理乐；为《周易》作《易传》。另外，孔子还以鲁国史书为基础，编订《春秋》。

“四书五经”是中国传统文化的核心典籍，其中八本跟孔子有直接关系：《诗》《书》《礼》《易》

《春秋》《大学》《中庸》《论语》，还有一本是《孟子》，而没有孔子，就没有孟子。

可以说，从尧舜到春秋的两千年中华文明史，主要的传世典籍都是经过孔子整理，并通过他的教育行为而传承下来。

第二，自孔子以后数千年之文化，赖孔子而开。

孔子说："吾十有五而志于学。"孔子的"志于学"，最重要的当是"大学"，就是将探究宇宙人生的大道作为自己的使命，将研究历史文化作为自己的职责，将提高自己的人格境界臻于至善作为目标。

孔子个人的"志于学"行为，最后竟然成为中国教育史、文化史的大关键：第一，学术研究和道义探讨可以成为一个人的终身事业，道统开始独立于政统，并且高于政统；第二，一个人可以不从事任何具体职业，而专业从事学术研究，这是知识独立、知识分子独立的明确信号，有此，才有后来的"百家争鸣"；第三，知识分子的职责不再是从事某些专业技术性工作，而是"祖述尧舜，宪章文武"，担当天下，担当道义，即成为任重道远的君子儒。

孔子的这种影响，是通过其创办的私学实现的。不同于教育贵族子弟、培养统治阶级接班人的传统官学，孔子的私学“有教无类”，培养了更多的像他一样“志于学”的人，他们是以思想学术为终生事业的“君子儒”。这样的人出现了，而且还是群体性出现，一个民族的面貌因此改变了。

所以，孔子是中国文明史的分水岭。

三

作为经典，《论语》的现代价值至少包括以下三个层面：

第一，知识层面。

《论语》中涉及丰富的历史、文化、典章、礼仪知识，具有极高的史料价值。其中的很多字词、句子、人物、事件都成为典故，承载着相应的价值观而代代相传。

作为汉语早期的经典作品，《论语》还是汉语的语汇母体之一，是汉语语汇的重要语源。《论语》中包含了二百多个成语、名言警句，以及对各种世态人心、人情物理的经典表达。这些表达两千多年来不断被引用，积淀了极其丰富的文化内涵，让每个中国人都能从中感受到心灵的共鸣。

第二，思想层面。

《论语》集中体现了孔子的思想，这些思想成为中国传统思想的核心和源头，包含传统价值观中的道德观、政治观、历史观、人生观等。

概括地说，《论语》主要谈了三个理想：理想的社会，理想的政治（国家），理想的人格。这三个理想构成了中国人的基本文化价值观。理想的政治和社会都依赖于理想的人格，而理想的政治和社会的最终目的也还是人自身的完善。所以，成就以“仁”为核心的“君子”理想是孔子的最高追求。

第三，价值判断层面。

孔子被他同时代的人看作是知识渊博的“圣人”，即便在后人眼里，他的神圣也与他的博学有关。但孔子让他的学生明白：真正可贵的不是知识，而是价值观和价值判断力。

有关价值问题和价值估量的精彩而深刻的哲学思辨，在《论语》里比比皆是。所以，《论语》的最高价值以及对于我们最重要的作用，乃是我们可以通过学习《论语》，培养价值认同，提升价值判断力，从而拥有一个道德的人生，一个智慧的人生。而由具备较高价值判断力的人组成的社会，才是一个理想的社会。

例　言

一、版本：参考杨伯峻《论语译注》，刘宝楠《论语正义》，朱熹《四书章句集注》，钱穆《论语新解》等。对诸家版本差异之处，择善而从，择便而从，择易而从，取各家之长，存一己之得。

二、章节分合：基本与杨本一致。唯第十篇杨氏分为27章，我并为4章。

三、译文：主要直译，目的是让读者能逐字逐句和原文对照，以掌握古文特点。直译特别拗口时，也采用意译。个别意思跳脱处，翻译也注意补全逻辑环节。

四、注疏：力避烦琐，务求明白简易。要言不烦，点到为止。

鲍鹏山

2022年9月，修订于上海偏安斋

目　录

学而篇第一

1.1　子曰[1]：“学而时习之，不亦说乎[2]？有朋自远方来，不亦乐乎？人不知而不愠，不亦君子乎[3]？”

［译文］

夫子说：“学并且时时践习所学，不也是愉快的吗？有朋友从远方来，不也非常欢喜吗？人家不了解我，我却不怀怨恨，不也很君子吗？”

［注释］

1　子：古代对有学问、有道德修养的人的尊称。《论语》中单独用“子”即特指孔子。另，《论语》中，记孔子话，除了《季氏》整篇，及17.6“子张问仁于孔子”用“孔子曰”外，其他分为三种情况：对弟子说话，用“子曰”；对君大夫等外人说话，用“孔子曰”；无明确对象时，有三例用“孔子曰”（8.20，18.1，20.3）。为了区别，“子曰”我翻译为“夫子说”，“孔子曰”我翻译为“孔子说”。

2 说（yuè）：同“悦”，高兴，喜悦。

3 愠：内心怨怒。君子：本是名词，此处作形容词用，形容很有君子风度的行为。所以译文如上。

［疏解］

《论语》第一字，是“学”；《论语》第一义，是“悦”是“乐”是“不愠”。这世界，有足够的奥妙让我们学，有足够的丰富让我们乐。因为学而乐，因为乐才学。人生圆满，莫过于此。

1.2　**有子曰[1]：“其为人也孝弟[2]，而好犯上者，鲜矣[3]。不好犯上，而好作乱者，未之有也。君子务本，本立而道生。孝弟也者，其为仁之本与[4]？”**

［译文］

有子说：“他的为人，能够孝顺父母、恭敬兄长，却喜欢冒犯上级，这种人是很少的；不喜欢冒犯上级，却喜欢反叛作乱，这种人从来没有。君子专心致力于根本的事情，根本树立了，其他的为人处事之道就会相应地产生。孝顺父母、恭敬兄长，就是‘仁’的根本吧？”

［**注释**］

1 有子：鲁国人，姓有，名若，字子有。孔子弟子。有若的弟子也尊称有若为“子”，故称“有子”。《论语》有若、曾参、闵子骞、冉求皆称子，具体情况如下：曾子——凡涉及曾参，必称曾子。冉子——共两处三次称冉子，其他称冉有。闵子——一次称闵子，其他四处五次称闵子骞。有子——三次称有子（都在第一章），一处两次称有若。

2 弟（tì）：同“悌”。兄弟之间弟弟善事兄长，称“悌”。

3 鲜（xiǎn）：少。

4 与：同“欤”。语气词。

［**疏解**］

《大学》：“故君子不出家而成教于国：孝者，所以事君也；弟者，所以事长也；慈者，所以使众也。”

1.3 子曰：“巧言令色[1]，鲜矣仁。”

［译文］

夫子说："满口说着让人喜欢的话，满脸装着使人喜欢的面色，仁德就很少了。"

［注释］

1 令色：谄媚的脸色。令，本指美好，如称人之父母曰令尊、令堂；称人之子女曰令郎、令爱。这里有讨好之意。

［疏解］

孔子反对"巧言"，不是反对语言的文采和修辞，而是反对语言对事实的遮蔽和掩饰。

1.4 曾子曰[1]："吾日三省吾身[2]。为人谋而不忠乎？与朋友交而不信乎？传不习乎[3]？"

［译文］

曾子说："我每天多次反省自己，替别人办事情有不尽心力的吗？同朋友交往，有不诚实的吗？老师传授的知识践习了吗？"

［注释］

1 曾子：姓曾，名参（一般读shēn。也有读cān的），字子舆。曾皙之子。孔子弟子。

2 省（xǐng）：检查反省自己。

3 传：老师传授的知识、学问。

［疏解］

不断地在道德上自我反省，自我磨砺，才能自我成长。

1.5　子曰：“道千乘之国[1]，敬事而信，节用而爱人，使民以时。”

［译文］

夫子说：“治理一个拥有千辆兵车的国家，要慎重地处理政事，诚信无欺。节省财用，爱惜人民，征用百姓选在农闲的时候。”

［注释］

1 道：同“导”，领导，治理。乘（shèng）：古代称四匹马拉的一辆车为“一乘”。古代军队使用兵车，每辆兵车用四匹马拉，车上有士兵三人，车下跟随有步兵七十二人，另有相应的后勤人员二十五人，因此，“一乘”的实际兵力就是一百人。“千乘之国”也可泛指诸侯国。

［疏解］

世界就是事界。人生在世，其实就是人生在事。为人处世，就是为人处事。敬事，就是敬世，就是慎待自己的人生。

1.6　子曰："弟子入则孝，出则弟，谨而信，泛爱众，而亲仁。行有余力，则以学文。"

［译文］

夫子说："年幼的人入门则孝顺父母，出门则恭敬兄长，谨慎诚信，博爱大众，亲近仁德。做到了这些如还有余力，就去学习文献。"

［疏解］

"泛爱众"，　要我们眼睛向下——这是教我们如何对待一般人；

"亲仁"，要我们眼睛向上——这是教我们如何向贤者看齐。

1.7　子夏曰[1]："贤贤易色[2]；事父母能竭其力；事君能致其身[3]；与朋友交，言而有信。虽曰未学，吾必谓之学矣。"

［译文］

子夏说："一个人，选择妻子看重其贤德，不看重其色相；侍奉父母能尽心尽力；事奉君上能献出生命；和朋友结交，说话诚实守信。这种人，虽然说没学习过，我一定说他学习过了。"

［注释］

1 子夏：姓卜，名商，字子夏。孔子弟子。

2 贤贤：第一个"贤"是动词，表示推重，尊崇；第二个"贤"是名词，贤德。易：轻视，不看重。

3 致：奉献。

［疏解］

学之目标，在心智的成熟。而心智成熟的标志是：第一，正确认识自己；第二，正确认识他人；第三，正确认识和处理自己和他人的关系。

1.8　子曰："君子不重则不威，学则不固。主忠信。无友不如己者[1]。过则勿惮改。"

［译文］

夫子说："君子，如果不庄重，就没有威严；学到的东西也难以固守遵行。做事应以忠诚、信义两种品德为主。但是，（不要主动或不必为了忠信而长期）和不如自己的人结交。有了错误就不要怕改正。”

［注释］

1 无：同“毋”，不要。友：做动词用，交朋友。

［疏解］

主忠信和后面直接的“无友不如己者。过则勿惮改”，是一个转折关系。

主忠信，但是，毋友不如己者。主忠信，但是，过则勿惮改。

孔子怕我们死心眼，被一些观念和原则拴死，变成“硁硁然”的小人。

1.9　曾子曰：“慎终追远[1]，民德归厚矣。”

［译文］

曾子说：“慎重地对待父母丧葬之事，不断地追念祖先，这样做，百姓的德行就会自然归于仁厚了。”

［注释］

1 终：寿终，指父母去世。

［疏解］

中国文化对人的道德嘉奖就是“不朽”，而以“不朽”为人生旨归，则必倡导“慎终追远”的风气。慎终追远，会让人在乎死后的名声，在乎死后的名声，就会注意日常行为。

1.10　子禽问于子贡曰[1]：“夫子至于是邦也[2]，必闻其政，求之与，抑与之与[3]？”子贡曰：“夫子温、良、恭、俭、让以得之。夫子之求之也，其诸异乎人之求之与[4]！”

［译文］

子禽向子贡问道：“夫子每到一个国家，必能了解到那个国家的政事，他是请求人告诉他的呢？还是人家自愿告诉他的呢？”子贡说：“夫子是以温良恭俭让的态度得来的。夫子获得信息的方法总是和别人不一样吧！”

［注释］

1 子禽：姓陈，名亢，字子禽。子贡：姓端木，名赐，字子贡。孔子弟子。陈亢对子贡说到孔子，称“仲尼”，说明他不是孔子的学生，并且是一个不知礼的人。参见19.25。

2 夫子：孔子弟子对孔子的尊称。外人对孔门弟子提到孔子，也称夫子，如3.24。邦：诸侯国。

3 抑：表示选择，相当于“是……还是”中的“还是”。与之：给他。

4 其诸：或者，大概。

［疏解］

皇侃《论语义疏》：“敦美润泽谓之温，行不犯物谓之良，和从不逆谓之恭，去奢从约谓之俭，推人后己谓之让。”除了以“去奢从约”解释“俭”显得狭隘，其他皆可从。

1.11 子曰：“父在观其志，父没观其行。三年无改于父之道，可谓孝矣。”

［译文］

夫子说：“父亲在世时，（因不得自作主张，便只能）考察儿子的志向；父亲去世后，则要看儿子的行为。如果能够长期不改父亲的为人之道，可以算是孝了。”

［疏解］

孔子此处是在说一个儿子对于去世父亲的感情问题，在他的观念里，孝顺，家庭的和睦，比发展进步更值得我们珍重，毕竟，一切发展、进步，都以幸福和谐为目标，都以人性的善良和仁爱为基础。对死去父亲的尊敬并由此引起的对父亲生前之道的维护，正是人性中柔软温馨一面的表现，它也许不够功利，但自有其价值。

1.12 有子曰："礼之用[1]，和为贵，先王之道斯为美[2]；小大由之。有所不行：知和而和，不以礼节之[3]，亦不可行也。"

［译文］

有子说："礼的功用，贵在能和，先王的道里面，这一点很美好；无论大事小事都依照这个目标去做。却也有不可行的地方：只知道一味和气，不用礼来节制，也就行不通了。"

［注释］

1 礼：即周礼。周代的礼仪制度。

2 先王：指文王、武王等古代的贤王。

3 节：节制，约束。

［疏解］

礼的功能，是让不同身份地位的人各安其分，各得其所又和睦相处，这就是和了。

礼的作用，是“节”，礼节者，以礼节制行为也。行为受礼节制，方才有原则，不泛滥。彼此有原则，不泛滥，不越界，才能真正和谐。

1.13 有子曰：“信近于义[1]，言可复也[2]。恭近于礼，远耻辱也[3]。因不失其亲，亦可宗也[4]。”

［译文］

有子说：“给人承诺，要适宜恰当，许下的诺言才能兑现。对人恭敬，但要合乎礼，才可免受耻辱。有事依靠亲近的人，（这种做法）也可以参照学习。”

［注释］

1 近：符合，接近。义：此处同“宜”，适宜，适当。

2 复：兑现。

3 远：远离，避免，免去。

4 因：依靠，凭借。宗，参照，仿照，学习。

［疏解］

说话要留有余地。

恭敬不能超过了礼的范围。

有什么事，找信得过的人。

1.14 子曰："君子食无求饱，居无求安，敏于事而慎于言，就有道而正焉[1]，可谓好学也已。"

［译文］

夫子说："君子吃饭不求饱足，居住不求舒适，做事勤劳敏捷，说话谨慎小心，到有道德的人那里去请教，这样，可以说是好学了。"

［注释］

1 就：靠近，接近。

［疏解］

追求知识，追求自由，追求真、善、美，就必须节制物质欲望，因为"欲壑难填"，如果要等到物质欲望满足了，才来从事精神追求，那就永远也没有这一天。

"敏于事而慎于言"，并不是要我们在大是大非面前沉默不语，而是指说得少一些，做得多一些。

1.15 子贡曰："贫而无谄，富而无骄，何如？"子曰："可也。未若贫而乐（道），富而好礼者也。"

子贡曰："《诗》云：'如切如磋，如琢如磨[1]'，其斯之谓与？"子曰："赐也！始可与言《诗》已矣。告诸往而知来者[2]。"

［译文］

子贡说："贫穷而不谄媚，富贵而不骄横，怎么样？"夫子说："可以算是好的了。但还比不上贫而乐道、富而好礼。"子贡说："《诗经》上说：'像对待骨、角、象牙、玉石等一样，先切料，再锉糙，再雕琢，再磨光'，说的就是这个意思吧？"夫子说："赐呀！现在可以和你谈论《诗经》了。告诉你已知的事，你能举一反三，明白你原先不知道的事了。"

［注释］

1 "如切"句：出自《诗经·卫风·淇奥》篇。"切"，开料。"磋"，锉平。"琢"，雕刻。"磨"，磨光。

2 "告诸"句："诸"，"之于"的合音。"往"已发生的事，已知的事。"来"，尚未发生的事，未知的事。

［疏解］

这里讲了人格三层次。

贫而谄媚，富而骄横——贫而无谄，富而无骄——贫而乐道，富而好礼。

1.16　子曰：“不患人之不己知[1]，患不知人也。”

［译文］

夫子说：“不要担忧别人不了解自己，而应当担忧自己不了解别人。”

［注释］

1 不己知：“不知己”的倒装。

［疏解］

人之不己知，是人之不学，我们无须操心；己之不知人，是己之不学，是我们要深以为戒的。

为政篇第二

2.1　子曰：“为政以德，譬如北辰[1]，居其所而众星共之[2]。”

［译文］

夫子说：“用执政者的德行来引领国家政事，就会像北极星那样，安居己位，众星会四面旋绕着它。”

［注释］

1 北辰：北极星。

2 共：同“拱”，环绕。

［疏解］

孔子认为，只要当权者修养自己的德行，并对天下百姓推行德政，人民就会凝聚在他的周围。

2.2 子曰：“《诗》三百[1]，一言以蔽之[2]，曰：思无邪[3]。”

［译文］

夫子说：“《诗经》三百篇，可用一句话来概括，就是：思想纯正。”

［注释］

1 《诗经》中收诗305篇，说《诗》三百，是举其约数。

2 蔽：概括。

3 思无邪：出自《诗经·鲁颂·駉》篇。孔子借用这句话来评论《诗经》。

［疏解］

《诗经》中有很多批判和揭露的诗篇，孔子说它们“思无邪”，肯定其价值。

《诗经》中有很多描写爱情的诗篇，孔子说它们“思无邪”，可见孔子对人性的宽容与温情。

2.3 子曰："道之以政，齐之以刑[1]，民免而无耻[2]。道之以德，齐之以礼，有耻且格[3]。"

［译文］

夫子说："对于民众，用政策去引导，用刑罚去整顿，虽然能使他们暂免犯罪，但是他们没有羞耻之心。反之，若用道德去引导，用礼节去整顿，他们不但会有羞耻之心，而且还会自觉地走正路。"

［注释］

1 道：同"导"，治理，引导。齐：整治，约束。

2 免：避免，指避免犯罪。无耻：没有羞耻之心。

3 格：规矩，此当动词，有规矩，按规矩，懂规矩，遵纪守法。

［疏解］

在社会治理和民众管理上，孔子不主张权力强制，他主张人民自我管理。

这里的"刑"并非我们今日之"法治"，而是刑律。孔子反对统治阶级用刑律来压服人民。

2.4 子曰："吾十有五而志于学[1]，三十而立，

四十而不惑，五十而知天命[2]，六十而耳顺，七十而从心所欲，不逾矩。”

［译文］

夫子说：“我十五岁时，就立志终生向学；三十岁，能够自立；四十岁，对于事理和人生不再迷惑；五十岁，知道了自己天命所在；六十岁，对于所听到的一切，都能明白贯通，不再觉得违逆不顺；七十岁，即使随心所欲，也不会越出法度。”

［注释］

1 有：同“又”，“十有五”，即十又五，十五岁。

2 天命：孔子的“天命”，大致应当包括人与自然的关系，人与社会的关系，人的命运，人的道德责任，为人的准则，人格等丰富的含义。

［疏解］

这是孔子谈自己的人生阶段。每一阶段都有所立，又都有所不足，还待更好地“切磋”“琢磨”。到了七十岁，从心所欲而不逾矩，进入人生化境。

2.5 孟懿子问孝[1]。子曰：“无违。”樊迟御[2]，子

告之曰："孟孙问孝于我，我对曰，无违。"樊迟曰："何谓也？"子曰："生，事之以礼；死，葬之以礼，祭之以礼。"

［译文］

孟懿子向孔子请教何为孝道。夫子说："不要违背。"（有一日，）樊迟替孔子驾车，夫子告诉他说："孟孙向我问孝道，我回答他说：不要违背。"樊迟说："说的是什么意思呢？"夫子说："父母健在，按照礼来侍奉他们；父母去世，按照礼来安葬他们，祭祀他们。"

［注释］

1 孟懿（yì）子：姓仲孙，亦即孟孙，名何忌。"懿"是谥号。鲁国大夫。与叔孙氏、季孙氏共同把持鲁国朝政。他的父亲孟僖子临终时嘱咐他要向孔子学礼。古代，帝王、贵族、大臣等死后，根据他生前的品德、事迹，所给予的表示褒贬的称号叫谥号。

2 樊迟：姓樊，名须，字子迟。孔子弟子。御：赶车，驾车。

［疏解］

在孔子看来，事父也好，事君也罢，总之要事之以礼，事之以义，而不是一味地无原则地顺从。这不仅是对自己人格的坚持，也是对父母、君主的尊重。

2.6　孟武伯问孝[1]。子曰："父母唯其疾之忧[2]。"

［译文］

孟武伯问孔子什么是孝。夫子说："父母只担忧他是否生病。"

［注释］

1 孟武伯：姓仲孙，名彘（zhì）。是前一章提到的孟懿子的儿子，"武"是谥号。这一句有种种解释，我以为马融的解释最合文法，马融说这句话的意思是："言孝子不妄为非，唯疾病然后使父母忧。"译文从之。

［疏解］

走正道，做正事，做正派人，就是孝。

2.7　子游问孝[1]。子曰："今之孝者，是谓能养。至于犬马，皆能有养，不敬，何以别乎？"

[译文]

子游问孔子孝顺父母的道理。夫子说："现在的人认为能够养活父母就算是孝了。其实，就连犬马都能够得到饲养，若对父母没有敬意，那供养父母同饲养犬马有何区别呢？"

[注释]

1 子游：姓言，名偃（yǎn），字子游。孔子弟子。另外，这接连几章开头都是"问孝"，我的译文故意使之略有不同。

[疏解]

人是有尊严的，养父母，要注意一个"敬"字。

2.8 子夏问孝。子曰："色难[1]。有事，弟子服其劳[2]；有酒食，先生馔[3]，曾是以为孝乎[4]？"

[译文]

子夏问如何孝顺父母。夫子说："子女在父母面前，经常保持愉悦的脸色是件难事。遇事晚辈效劳；有酒饭，年长的吃喝，难道这就算孝顺吗？"

［注释］

1 色：脸色。

2 弟子：晚辈，指子弟。

3 先生：长辈，指父兄。馔（zhuàn）：吃喝。

4 曾（zēng）：副词，难道。是：代词。此，这个。

［疏解］

孝顺是出自人的自然本真的情感，这样的孝顺，才能让父母真正感受到来自子女的爱。

2.9 子曰："吾与回言终日[1]，不违如愚。退而省其私[2]，亦足以发。回也不愚。"

［译文］

夫子说："我和颜回讲学终日，他从没有不同意见，好像很愚笨。可是，回去以后，他私下里认真思考，也能够有所发挥。可见，他并不愚笨。"

［注释］

1 回：姓颜，名回，字子渊。鲁国人。是孔子最器重、最喜爱的学生。

2 省（xǐng）：思考，反思。

［疏解］

智者往往有主见而与人相违；能藏起自家主张而倾听他人意见并有所收获，是大智。

2.10 子曰：“视其所以，观其所由，察其所安[1]。人焉廋哉？人焉廋哉[2]？”

［译文］

夫子说：“看他做事的动机，看他做事的方法，看他安生的方式。如此，一个人怎么隐藏得住呢？怎么隐藏得住呢？”

［注释］

1 以：根据，原因，动机。由：经由，走的道路，方式方法。安：安心。

2 焉：哪里，怎么。廋（sōu）：隐藏，隐瞒。

［疏解］

不同的人，有不同的做事动机，不同的做事方式，更有不同的生活方式。这些不同，让我们分辨出不同的人。当然，这种方法也可以用来省察自己。

2.11　**子曰："温故而知新，可以为师矣。"**

[译文]

夫子说："能够温习旧知识，判断新事物，就可以做老师了。"

[疏解]

"知新"，不是知道"新知识"，而是能对生活中出现的新事物做出合乎理性的判断。

2.12　**子曰："君子不器。"**

[译文]

夫子说："君子不是器具，（只有特定用途）。"

[疏解]

君子的能力不局限于一个行业，君子关注的对象更不局限于一个特定的、狭小的专业，他关注人类一般事务，并保持自己的良心。

2.13　**子贡问君子。子曰："先行其言而后从之。"**

[**译文**]

子贡问孔子怎样才是一个君子。夫子说："先做了你要说的事，然后再说出来，（这就算一个君子了）。"

[**疏解**]

《大戴礼记·曾子立事》："君子微言而笃行之，行必先人，言必后人。"

2.14 子曰："君子周而不比，小人比而不周。"

[**译文**]

夫子说："君子互相团结而不相互勾结，小人互相勾结而不相互团结。"

[**疏解**]

在一起做好事，同心同德，叫团结。

在一起做坏事，狼狈为奸，叫勾结。

2.15 子曰："学而不思则罔[1]，思而不学则殆[2]。"

[**译文**]

夫子说："只是学，却不去思考，就会迷惘；只是苦思，而不去学，就会废殆。”

［注释］

1 思：思考，思维。罔（wǎng）：同“惘”，迷惑而无所得。

2 殆（dài）：此处当“废止”讲。

［疏解］

这是讲学习与独立思考的关系。

2.16 子曰：“**攻乎异端**[1]**，斯害也已**[2]。”

［译文］

夫子说：“（思与学需要并重）若专攻于一端，就会有害了。”

［注释］

1 攻：“专攻”，研究，学习的意思。有释为“攻击”“批评”，但接以“乎”字，文法不通。异端：事物的另一面，另一端。所以“异端”即“一端”。凡事必有此有彼，若专攻一端，而不知其他，就会有害。

2 斯：代词。这，那。

［疏解］

这一章当与上一章合并。“学而不思则罔，思而不学则殆”，“学”与“思”是两端而互为异端。就学者而言，两者当并重，不可偏废一极，不可专攻一端，否则就有害，其害就是“罔”与“殆”。

2.17 子曰：“由[1]！诲女知之乎[2]！知之为知之，不知为不知，是知也[3]。”

［译文］

夫子说：“由！我教给你求知的正确态度吧！（知识有两种）必须知道的就一定要努力掌握，不必须知道的就不要为之耗费精力。能分辨两者，就是智慧。”

［注释］

1 由：姓仲，名由，字子路，又字季路。孔子弟子。

2 诲：教导。女：同“汝”，你。

3 是：这，这样。

［疏解］

求知、学习，要学会分辨哪些是我们必须知道的，哪些是我们不必强求知道的。该知的，就一定求得知晓；不必知的，就不求知晓。盖人生短暂，知识无限，宜当有所取舍。

2.18　子张学干禄[1]。子曰："多闻阙疑[2]，慎言其余，则寡尤[3]。多见阙殆，慎行其余，则寡悔。言寡尤，行寡悔，禄在其中矣。"

［译文］

子张向孔子请教求官职俸禄的方法。夫子说："多听，有可疑的，留存在心中，其余自认为可信的，谨慎地表述，这样就会减少过失。多看，有可疑的，也留存在心中，其余自认为可信的，也要谨慎地实行，这样就会减少懊悔。说话少过失，行事少懊悔，官职俸禄就自然会有了。"

［注释］

1 子张：姓颛（zhuān）孙，名师，字子张。孔子弟子。干禄：求仕，谋求做官。"干"，求，谋。"禄"官吏的俸禄，官职。

2 阙：空，缺，有所保留。

3 寡：少。尤：过错，错误。

［疏解］

钱穆先生说："多闻多见是博学，阙疑阙殆是精择，慎

言慎行是守之约，寡尤寡悔则是践履之平实。”（《论语新解》）

多闻多见，则不孤陋寡闻大惊小怪；阙疑阙殆，则不自以为是强作解人；慎言慎行，则不莽撞生事自贻其祸；如此，则寡尤寡悔——不招人怨，亦不愧悔自责。

2.19 哀公问曰：“何为则民服[1]？”孔子对曰：“举直错诸枉，则民服；举枉错诸直，则民不服[2]。”

［译文］

鲁哀公问：“怎样做才能使百姓服从？”孔子答道：“举用正直的人，置于邪曲的人之上，百姓就会服从了；如果把邪曲的人，置于正直的人之上，百姓就会不服。”

［注释］

1 何为：怎样做，做什么。

2 举：选拔，推举。错：同“措”，放置，安排。枉：不正直、不正派、邪恶的人。

［疏解］

孔子的潜台词是：人民并不是服从权势，而是服从真理，服从正义。

2.20　季康子问[1]："使民敬，忠以劝[2]，如之何？"子曰："临之以庄[3]，则敬。孝慈，则忠。举善而教不能，则劝。"

［译文］

季康子问："要使百姓恭敬我，忠诚我并勤勉努力，应该怎么办呢？"夫子说："你对百姓庄重，他们就会恭敬你；你孝敬老人，慈爱子女，他们就会忠于你；你举用好人，教育不好的人，他们自然会互相劝勉了。"

［注释］

1 季康子：姓季孙，名肥。"康"是谥号，"子"是尊称。鲁哀公时，把持鲁国大权，急于收服民心，所以才这样问孔子。

2 以：而。劝：勤勉。

3 临：对待。

［疏解］

孔子回答季康子的三句话里，主语实际上都是季康子本人或在上位者，所以，译文都加上了"你"字。孔子总是先要求统治者德行的。

2.21 或谓孔子曰[1]："子奚不为政[2]？"子曰："《书》云：'孝乎惟孝，友于兄弟，施于有政[3]'，是亦为政，奚其为为政[4]？"

［译文］

有人对夫子说："你为什么不从事政治呀？"夫子说："《尚书》上说：'孝呀，孝顺父母，友爱兄弟，把这种风气推广到政治上去'，这也就是从事政治了，为什么一定要做官才算从事政治呢？"

［注释］

1 或：代词。有人。

2 奚：何，怎么，为什么。

3 施：推广，延及，影响于。有：助词，无意义。

4 "奚其"句："奚"，为什么。"其"，代词，指做官。"为"，是，算是。"为政"，参与政治。当时孔子没有出来做官，所以，有人问他为什么不为政。

［疏解］

儒家的政治是"内圣外王"，先修养自己的道德而"内圣"，再把这种道德推广到家国，就是"外王"。这就是"修身齐家治国平天下"。

2.22 子曰："人而无信，不知其可也。大车无輗，小车无軏[1]，其何以行之哉？"

［译文］

夫子说："一个人不讲信誉，不知那怎么可以？譬如大车没有輗，小车没有軏，它靠什么走动呢？"

［注释］

1 輗（ní）軏（yuè）：古代车靠牲口拉动，连接牲口和车子，靠的是绑在牲口肩背的绳子和两根夹在牲口身体两侧的横木，这两根横木叫辕，绳子和车辕的连接靠的是车辕前面的活动插销，这种活动插销，大车的叫輗，小车的叫軏。没有活销，就不能把车子和牲口连接起来，就无法驾牲口，车子就无法行走。大车：用牛拉的叫大车，一般载物。小车：用马拉的叫小车，一般载人。

［疏解］

12.7说"民无信不立"，此章说"人无信不行"。

2.23 子张问："十世可知也[1]？"子曰："殷因于夏礼，所损益，可知也；周因于殷礼，所损益，可知也[2]。其或继周者，虽百世，可知也。"

［译文］

子张问："十代以后的事情，可以预先知道吗？"夫子说："殷商沿袭了夏朝的礼法，哪些是它废除的，哪些是它增加的，是可以知道的。周朝沿袭了殷商的礼法，它所废除的和增加的，也是可以知道的。将来继承周朝而起的，即使传百代也还是可以预先知道的。"

［注释］

1 世：这里指朝代。

2 殷：商朝。夏：夏朝。周：周朝。夏后面是商，商后面是周。因：因袭，沿袭。

［疏解］

时代在前进，有些东西在不断变化，比如政治制度；有些东西永恒不变，比如普世价值。

2.24　子曰："非其鬼而祭之[1]，谄也。见义不为，无勇也。"

［译文］

夫子说："不是自己应当祭祀的鬼神，却去祭祀他，这是谄媚；见义而不为，这是没有勇气。"

［注释］

1 鬼：这里指死去的祖先。

［疏解］

祭自家祖先以求福，是求本分之内福荫。非其鬼而祭之，乃是谄媚他家祖宗，求非分福泽。这类事在春秋时期，多有发生，故孔子特为之言。

见义不为，力能行善而不为，即是恶。

“无勇”，就是道德勇气的缺失，是一种道德病态。

八佾篇第三

3.1　孔子谓季氏[1]："八佾舞于庭[2]，是可忍也，孰不可忍也[3]?"

［译文］

孔子谈到季孙氏，说："他竟然在他的家庙中用八佾舞，这件事如果我们能容忍，还有什么事不能容忍呢？"

［注释］

1 季氏：鲁国正卿季孙氏。此处指季平子。有说指季桓子，甚至有说季康子者。按：此事在《左传》昭公二十五年，当为季平子季孙意如。

2 八佾：佾，行，列。指古代奏乐舞蹈的行列。一佾，是八个人的行列；八佾，就是八八六十四个人。周礼规定：天子的乐舞用八佾；诸侯用六佾；卿、大夫用四佾；士用二佾。《左传》昭公二十五年："将禘于襄公，万者二人，其众万于季氏。"鲁昭公要禘祭襄公，却发现公室的万舞队只剩下两人（或指二佾十六人）其他乐舞人员都被季氏叫去参加他的家祭祭祀鲁桓公了。

3 忍：容忍。孰：疑问代词，什么。

［疏解］

世上总有很多忍无可忍之事。而忍无可忍，即不必再忍，更不能再忍。

3.2　三家者以《雍》彻[1]，子曰："'相维辟公，天子穆穆'[2]，奚取于三家之堂？"

［译文］

鲁国孟孙、叔孙、季孙三家祭祖时，（也用天子之礼）唱着《雍》这篇诗撤下祭品。夫子说："（《雍》诗说：）'各国诸侯来助祭，天子庄严又肃穆'，这两句话，用在三家祭祖的大堂上，有哪一点儿合适呢？"

［注释］

1　三家：春秋后期掌握鲁国政权的三家贵族：孟孙氏（即仲孙氏）、叔孙氏、季孙氏。他们是鲁桓公之子仲庆（亦称孟氏）、叔牙、季友的后裔，又称“三桓”。他们把持鲁国大权，还经常有越轨周礼的行为，孔子对此特别反感。《雍》：《诗经·周颂》中的一篇。周天子祭祀宗庙的仪式举行完毕后，在撤去祭品收拾礼器的时候，专门唱这首诗。彻：同“撤”，撤除，拿掉。

2　“相维”二句：《诗经·周颂·雍》中的句子。

3　奚：怎么。

［疏解］

天子祭祀完毕，肃穆的音乐响起：天子庄严又肃穆，各路诸侯来助祭。……那种大场面大气派！孟孙、叔孙、季孙的家祭中唱这样的音乐，简直是滑稽。

不合适就不和谐，不和谐而又一本正经，煞有介事，便滑稽，让旁观者忍俊不禁。（参见3.1疏）

3.3　子曰：“人而不仁，如礼何[1]？人而不仁，如乐何？”

［译文］

夫子说："人而不仁，礼又如何？人而不仁，乐又如何？"

［注释］

1 如礼何："如……何"是古代常用句式，意思是"把（对）……怎么样（怎么办）"。

［疏解］

礼与乐，是外在的，如同枝叶与花朵；仁德，是内在的，如同根本。

3.4　林放问礼之本[1]，子曰："大哉问！礼，与其奢也，宁俭；丧，与其易也[2]，宁戚[3]。"

［译文］

林放向孔子请教"礼"的本原，夫子说："你能这样提问，很了不起呀！举行礼仪，与其奢侈浪费，不如朴素节俭；办丧事，与其仪式周到，不如悲伤哀恸。"

［注释］

1 林放：姓林，名放，字子上。鲁国人。一说，孔子的弟子。

2 易：整治。这里指严格按礼节周到地治办丧事。

3 戚：悲戚。

［疏解］

此章与上章一样，都是讲根本与末节，内容与形式。

3.5　子曰：“夷狄之有君[1]，不如诸夏之亡也[2]。”

［译文］

夫子说：“夷狄虽然有君主，还不如中原各国没有君主呢。”

［注释］

1 夷：我国古代对东方少数民族的称谓。狄：我国的古代对北方少数民族的称谓。

2 诸夏：当时中原黄河流域华夏族居住的各个诸侯国。亡：同“无”。

［疏解］

夷狄有君而无文明，诸夏无君而有礼乐。

孔子感叹的，就是：文明胜过政府，社会文明比政府职能更重要。

3.6　季氏旅于泰山[1]。子谓冉有曰[2]："女弗能救与[3]？"对曰："不能。"子曰："呜呼！曾谓泰山不如林放乎[4]？"

［译文］

季孙氏要去祭泰山，夫子对冉有说："你不能阻止吗？"冉有回答说："不能。"夫子说："唉！难道说泰山神还不如林放（懂礼，竟会接受这非礼的祭祀）吗？"

［注释］

1 旅：古代祭祀山川叫"旅"。按周礼规定，天子才有资格祭祀泰山。季康子不过是鲁国的大夫，却去祭祀泰山，这是越礼行为。

2 冉有：姓冉，名求，字子有。孔子弟子。当时冉有是季康子的家臣。

3 女：同"汝"。救：补救，劝阻。与：同"欤"，语气词。

4 曾：副词。莫非，难道，竟然。

［疏解］

非其鬼而祭之，是谄（2.24），非其人而献祭，泰山也不会接受。

林放知道问“礼之本”，泰山岂能不知礼之本，而接受季氏的非礼之祭！

3.7 子曰：“君子无所争，必也射乎？揖让而升，下而饮。其争也君子。”

［译文］

夫子说：“君子没有什么可争夺的东西，（如果有所争，）一定只是射箭比赛吧！首先互相作揖，然后到堂上射箭；射完后，下堂饮酒。这样的争，是很有君子风度的。”

［疏解］

所谓的贵族风范，雍容气质，娴雅风度，就是对人类在竞夺历史中形成的野蛮粗鄙习气的汰除与超越。

3.8 子夏问曰：“‘巧笑倩兮，美目盼兮，素以为绚兮[1]。’何谓也？”子曰：“绘事后素[2]。”曰：“礼后乎？”子曰：“起予者商也[3]！始可与言《诗》已矣。”

［译文］

子夏问夫子道：“‘可爱的笑脸真是美呀，美丽的眼睛流转得媚呀，洁白的质地上画着鲜艳的画呀。’这几句诗是什么意思呢？”夫子说：“先有洁白的质地，然后才能画画。”子夏说：“先有仁德，再有礼的吧？”夫子说：“能给我启发的是卜商呀！从今以后可以和你讨论《诗经》了。”

［注释］

1 巧笑：美好的笑容。倩（qiàn）：美丽。盼：眼珠转动。绚：有文采，绚丽多彩。“巧笑”二句，见《诗经·卫风·硕人》篇。“素以为绚兮”，不见于现在通行的《毛诗》，可能是佚句。

2 绘事后素：“绘事”，画画。“后”，后于，在……之后。“素”，白底子。意思是：先有白底子，然后才能画。一说，女子先用素粉敷面，然后才用胭脂、青黛等着色。

3 起：启发。商：卜商，字子夏。

［疏解］

一张白纸，好画最新最美的图画。

礼仪，根植于仁德的土壤。

3.9 子曰：“夏礼吾能言之，杞不足征也[1]。殷礼吾能言之，宋不足征也[2]。文献不足故也[3]。足，则吾能征之矣。”

［译文］

夫子说："夏朝的礼，我能够谈一谈，但是它的后代杞国不足以提供证据。殷朝的礼，我也能够谈一谈，但是它的后代宋国不足以提供证据。这是因为杞宋两国的历史资料和贤人不足的缘故。如果有足够的典籍和贤人，那我就可以引来作证了。"

［注释］

1 杞（qǐ）：国名，夏禹的后代。征：证明，引以为证。

2 宋：国名，商汤的后代。

3 文：指历史文字资料。献：指贤人。古代，朝廷称德才兼备的贤人为"献臣"。现在的"文献"一词只指历史文件了。

［疏解］

孔子讲"礼"，是三代之礼的融会贯通，是一部文明史。

3.10 子曰："禘[1]自既灌[2]而往者，吾不欲观之矣。"

［译文］

夫子说："禘祭的礼，用酒灌地之后，我就不想再看下去了。”

[注释]

1 禘（dì）：一般认为，这是一种古代只有天子才可以举行的祭祀祖先的隆重典礼。

2 灌：古代祭祀祖先，一般用活人坐在灵位前象征受祭者（这个人叫“尸”）。煮香草为“郁”，合黍酿成气味芬芳的一种“郁鬯（chàng）”。将“郁鬯”献于“尸”前，使其闻一闻酒的香气而并不饮用，然后将酒浇在地上。这整个过程就叫“灌”。

[疏解]

孔子喜观礼，鲁行禘祭之礼，他当然会去。但“自既灌而往”，他就不欲观了，估计是后面的部分不合礼或不合理。

3.11 或问禘之说。子曰：“不知也。知其说者之于天下也，其如示诸斯乎！”指其掌[1]。

[译文]

有人向孔子请教禘祭是什么意思。夫子说：“我不知道。如果有能知道禘祭道理的人，那么他看天下就像展示在这里吧！”夫子指着自己的手掌。

［注释］

1 “其如”句：“诸”，“之于”的合音。“斯”，这，指手掌。

［疏解］

孔子对鲁国“禘祭”不满，所以，他故意说不知道“禘祭”的道理，这是不满之辞的委婉表达。

3.12 祭如在[1]，祭神如神在。子曰：“吾不与祭[2]，如不祭。”

［译文］

孔子祭祀祖先时，好像（真有祖先）在受祭；祭神时，好像真有神在受祭。夫子说：“我若不真心诚意地去祭祀，就如同没有祭祀一样。”

［注释］

1 祭如在：应是“祭鬼如鬼在”的省略。鬼为先祖，神为神灵，二者同为祭祀对象。

2 与：一般意为参与，参加或赞成，这里是指把心用在上面，诚心诚意恭恭敬敬地祭祀，而不是敷衍了事，充充样子。

［疏解］

孔子并不真的以为鬼神事实存在，但他又要装作“如在”。因为，在对鬼神的祭祀里，有一种人间不可或缺的价值。

3.13　王孙贾问曰[1]：“与其媚于奥[2]，宁媚于灶[3]，何谓也？”子曰：“不然。获罪于天，无所祷也。”

［译文］

王孙贾问道：“与其奉承房屋里西南角的奥神，还不如奉承灶神，这两句话是什么意思？”夫子说：“不是这样的。如果得罪了天，祈祷也没有用。”

［注释］

1 王孙贾：卫灵公时卫国的大夫。

2 媚：谄媚，巴结。奥：本义指室内的西南角。这里指屋内西南角的神。

3 灶：本义是炉灶，此处指灶神。

［疏解］

无论媚灶还是媚奥，都只是“媚”。

孔子的选择是：做正直的人。不是站在任何一边，而是站在正义一边。

3.14 子曰：“周监于二代[1]，郁郁乎文哉！吾从周。”

［译文］

夫子说：“周的礼乐制度是借鉴了夏、商两代后制定出来的，多么丰富多彩呀！我追随周。”

［注释］

1 监：通“鉴”，本义是镜子。在这里是借鉴的意思。二代：指夏、商两代。

［疏解］

孔子从周，从其监于二代，礼乐昌明；亦从其传承尧舜，道德高尚。

3.15 子入太庙[1]，每事问。或曰：“孰谓鄹人之子知礼乎[2]？入太庙，每事问。”子闻之，曰：“是礼也。”

[译文]

夫子进入周公庙，每件事情都要发问。有人说："谁说鄹人叔梁纥的儿子懂礼呢？到了周公庙，每件事情都要问人。"夫子听到这话，说道："（每件事都要问明白，）这正是礼呀！"

[注释]

1 太庙：开国君主叫太祖，太祖的庙叫太庙。周公（姬旦）是鲁国最初受封的君主，鲁国的太庙也就是周公庙。

2 鄹（zōu）：也写为"陬"。"陬"，地名，在今山东省曲阜市东南一带。孔子的父亲叔梁纥（hé）在鄹邑做过大夫。"鄹人"即指叔梁纥，"鄹人之子"，即指孔子。

[疏解]

履行礼仪之前，"每事问"，再行确认，谨慎从事，万无一失，正是礼仪的环节之一，也是以此表示对礼仪的慎重与尊重。

3.16　子曰："射不主皮[1]，为力不同科[2]，古之道也。"

［译文］

夫子说："比赛射箭，只要射中目标就可以了，不一定非要射穿靶子上的兽皮。因为每个人的体力不相同，这是古人的规则。"

［注释］

1 射不主皮："射"，射箭。"皮"，指用兽皮做成的箭靶子。射箭比赛，应当以是否射中为主，而不在于用力去射，把皮靶子穿透。比的是射技，而不是力气。这是很君子气的"射礼"。

2 科：量级，类别。

［疏解］

规则的制定，是要对参与者每个人都公平，这样才能为每个人遵守。既然参赛者力量有大小，比赛也就只能比准不准，而不能比能否射穿靶子。参见3.7。

3.17 子贡欲去告朔之饩羊[1]。子曰："赐也！尔爱其羊，我爱其礼。"

［译文］

子贡想去掉鲁国每月初一祭祖庙用的那只活羊。夫子说："赐呀！你舍不得那只羊，我舍不得那个礼。"

［注释］

1 告朔：阴历的每月初一，叫"朔"。古代制度，诸侯在每月的初一来到祖庙，杀一只活羊举行祭礼，表示每月"听政"的开始，叫"告朔"。饩（xì）：活的牲畜。

［疏解］

保留一个形式，哪怕它是空壳，对人也还是一种约束，一种提醒，也还存在一种象征的意义，提示我们一种文化、政治与道德上的价值。

3.18 子曰："事君尽礼，人以为谄也。"

［译文］

夫子说："事奉君上，认真按照为臣的礼节去做，别人往往会以为是谄媚呢。"

［疏解］

《礼记·表记》引孔子话："卑己而尊人，小心而畏义。"很多时候，按照礼节来对待他人的人，气质中总有一份谦恭，行为中总有一份尊人，眉宇间总有一份谦卑。这本来是一种儒雅谦和的教养，却常常为无礼傲慢不文明之人解读为“谄媚”。

3.19　定公问[1]：“君使臣[2]，臣事君，如之何[3]？”孔子对曰：“君使臣以礼，臣事君以忠。”

［**译文**］

鲁定公问：“国君使唤臣子，臣子事奉国君，应该怎样？”孔子答道：“国君按照礼节使唤臣子，臣子以忠于职守事奉国君。”

［**注释**］

1 定公：鲁定公。

2 使：使唤。

3 事：事奉，服务。如之何：如何，怎样。

［**疏解**］

君主对臣下，既要有和悦的、宽容的态度，又要遵循以礼相待的制度。

而臣，其天职即是忠于职守。——要说明一下，这个“忠”，不是忠于君主，而是忠于职守。两者是大有区别的。

3.20　子曰："《关雎》乐而不淫[1]，哀而不伤。"

［译文］

夫子说："《关雎》这篇诗，快乐时不放荡；悲哀时不自伤。"

［注释］

1 关雎（jū）：《诗经》中的第一首诗。是一首爱情诗。淫：放纵，放荡，过分。

［疏解］

乐而不淫，哀而不伤，再加上怨而不怒，是中国人性格中温和中庸、温柔敦厚的底色。

3.21　哀公问社于宰我[1]。宰我对曰："夏后氏以松[2]，殷人以柏，周人以栗，曰：使民战栗[3]。"子闻之，曰："成事不说，遂事不谏，既往不咎[4]。"

［译文］

鲁哀公问宰我祭祀土地神的(牌位)用什么木料。宰我答道："夏朝用松木，殷代用柏木，周代用栗木。（用栗木的）意思是要使民战战栗栗。"夫子听到这话，说："已经做成的事不能再开脱了，已经做过的事不能再劝阻了，已经过去的事也不再追究了（，以后再不能犯这样的错误）。”

［注释］

1 社：土地神。这里指的是土地神的木头牌位。宰我：姓宰，名予，字子我。又称宰我。孔子弟子。

2 夏后氏：本是部落名。相传禹是部落领袖。后世指夏朝的人，就称“夏后氏”。以：用。

3 战栗：因害怕而发抖、哆嗦。

4 遂：已经完成，成功。谏：规劝，使改正错误。咎：责备。

［疏解］

如果官府是通过恐怖政策来压服人民的，那它不简直就是恐怖组织吗？所以，孔子很生气。

3.22 子曰：“管仲之器小哉[1]！”或曰：“管仲俭乎？”曰：“管氏有三归[2]，官事不摄[3]，焉得俭？”“然则管仲知礼乎？”曰：“邦君树塞门[4]，管氏亦树塞门。邦君为两君之好，有反坫[5]，管氏亦有反坫。管氏而知礼，孰不知礼？”

［译文］

夫子说："管仲的器识小了呀！"有人问："管仲节俭吗？"夫子说："管仲有三处家府，家臣各司一职，而从不兼职，怎么能节俭？""那么管仲知礼节吗？"夫子说："国君在大门外立塞门，管仲也立塞门；国君设宴招待外国君主，有放酒杯的土台，管仲也有这样的土台。如果说管仲懂得礼节，那谁不懂得礼节呢？"

［注释］

1 管仲：姓管，名夷吾，字仲，一名管敬仲。春秋初期有名的政治家，帮助齐桓公成为春秋五霸的第一个霸主。器：眼界，度量，境界。

2 三归：多种解释，不赘。钱穆释为"三处家府"，可从。

3 摄：兼任，兼职。当时，大夫的家臣，都是一人常兼数事而节省开支。而管仲却设了许多管事的家臣，一人一事一职，可见铺张浪费。

4 邦君：诸侯，国君。树：树立，建立。塞门：也称"萧墙"，相当于后世所说的"照壁""影壁""屏风"。

5 反坫（diàn）：供祭祀或宴会时放礼器酒具的土台子。

［疏解］

孔子这段话，与其说是对管仲的批评，不如说是对管仲的惋惜，也是对历史上曾经有过的一次重现文武之治的历史机遇因为管仲器小而丧失的叹息。

3.23 子语鲁大师乐[1]，曰："乐其可知也：始作，翕如也[2]；从之[3]，纯如也[4]，皦如也[5]，绎如也[6]，以成。"

［译文］

夫子告诉鲁国太师演奏音乐的道理，说："音乐的展开过程是可以理解的：开始时，热烈地奏起；整个乐章展开时，（主旋律）纯一和谐，清楚突出，然后回旋往复，余音袅袅，直到完成。"

［注释］

1 语：动词，对……说。大师："大"，同"太"，就是"太师"，主管音乐的官员。

2 翕（xī）：兴奋，热烈。

3 从：通"纵"，放纵，展开。

4 纯：清晰。

5 皦（jiǎo）：明亮，突出，音节分明。

6 绎（yì）：连续，连绵不断。

［疏解］

孔子有极高的艺术修养，更有对艺术与人生关系的精深理解，这是一般艺术工作者无法达到的境界。

3.24 仪封人请见[1]，曰："君子之至于斯也，吾未尝不得见也。"从者见之[2]。出曰："二三子何患于丧乎[3]？天下之无道也久矣，天将以夫子为木铎[4]。"

［译文］

仪地的封疆官请求孔子接见他，说："贤德的人到了这个地方，我没有不见的。"孔子的随行弟子就介绍他见了孔子。他出来后，对孔子弟子们说："你们何必忧虑你们没有官位呢？天下黑暗无道已经很久了，天将把夫子当成凝聚民心的木铎！"

［注释］

1 仪封人："仪"，卫国邑名。"封"，边界。仪封人，指仪这个边界地方的官员。

2 从者：随从孔子的弟子。见之，"使（让）……见之"的意思。

3 二三子：这里是称呼孔子弟子。“二三”，表示约数，犹言“各位”。丧：失去。这里指没有官职。

4 木铎（duó）：一种铜质木舌的铃子。古代召集群众，宣布政教法令，或在有战事时使用。这里是用“木铎”比喻孔子将能起到凝聚人心的作用。

［疏解］

两千多年了，夫子的木铎一直在召唤着我们，凝聚着我们，使我们成为中国人。

3.25　子谓《韶》[1]，“尽美矣，又尽善也[2]。”谓《武》[3]，“尽美矣，未尽善也。”

［译文］

夫子说舜乐《韶》：“美到极致了，也善到极致了。”说武王乐《武》：“美到极致了，但还不能说善到极致了。”

［注释］

1 《韶（sháo）》：传说上古虞舜时的一组乐舞，也叫“大韶”。虞舜是通过禅让得到帝位的，所以孔子认为这是“尽善”。

2 美：指乐舞的艺术形式，音调声容之美。善：指乐舞的思想内容，体现的道德价值。

3 《武》：周武王时的乐曲，也叫“大武”。武王的帝位是通过暴力推翻纣王而来，虽顺应天意民心，但毕竟经过征战，所以孔子说“未尽善”，即还不是最高境界。

[疏解]

尽美，是艺术的最高境界，尽善，是道德的最高境界，尽善尽美，是人生的最高境界。

3.26 子曰：“居上不宽，为礼不敬，临丧不哀，吾何以观之哉？”

[译文]

夫子说：“身居高位，却没有宽容的肚量，行礼却又不能恭敬认真，参加丧礼却没有哀痛，我拿什么眼光来看他呢？”

[疏解]

居上宽，是说对下（黎民百姓下属）要有宽容心。

为礼敬，是说对上（天地祖宗鬼神）要有敬畏心。

临丧哀，是说对死者要有慈悲心。

里仁篇第四

4.1　子曰：“里仁为美[1]，择不处仁[2]，焉得知[3]？”

［译文］

夫子说：“与有仁德的人为邻是件美事，选择居所而不去和仁德的人住在一起，哪里算得上明智呢？”

［注释］

1 里：邻里，这里可以理解为动词，择居。仁：此指有仁德的人。

2 处：在一起相处。

3 焉：怎么，哪里，哪能。知：智。《论语》时代“智”皆写作“知”。

[疏解]

里仁为美，近朱者赤，近墨者黑，“蓬生麻中，不扶自直”（《荀子·劝学》）。

4.2 子曰：“不仁者不可以久处约[1]，不可以长处乐。仁者安仁，知者利仁。”

[译文]

夫子说：“不仁的人，不能长久安处于贫困之中，也不能长久安处于安乐之中。仁德的人安于仁，智慧的人利于仁。”

[注释]

1 约：贫困，俭约。

[疏解]

内心没有定力，无论贫贱，无论安乐，都不可能使一个人真正达于和平宁静的幸福境界。

仁德的人安于仁，如一滴水之安于大海、鸟之安于森林、鱼之安于江湖。而智慧的人深察仁德的好处，所以，他也乐于实行仁德。

4.3 子曰："唯仁者能好人[1]，能恶人[2]。"

［译文］

夫子说："只有仁德的人，才能(有资格、有能力)喜爱一个人，憎恶一个人。"

［注释］

1 好（hào）：喜爱，喜欢。

2 恶（wù）：厌恶，讨厌。

［疏解］

仁者的好，是仁；仁者的恶，是义。

有仁义，方能好恶。无仁义，如何好恶？

4.4 子曰："苟志于仁矣[1]，无恶也[2]。"

［译文］

夫子说："如果有志于去实行仁德，就没有什么恶德了。"

［注释］

1 苟：假如，如果。志：立志。

2 恶：恶行，恶德。

［疏解］

苟志于仁，可能仍有过失，但不会有恶德，不会有故意的恶行。

4.5　子曰：“富与贵，是人之所欲也，不以其道得之，不处也[1]。贫与贱，是人之所恶也，不以其道得之，不去也[2]。君子去仁，恶乎成名[3]？君子无终食之间违仁[4]，造次必于是[5]，颠沛必于是。”

［译文］

夫子说：“富与贵，是人们所想要的，不用正当的方法去获得，君子是不会安处其中的。贫与贱，是人们所厌恶的，不用正当的方法去摆脱，君子是宁可不躲避的。君子离开了仁德，怎样去成就他的美名呢？君子是连吃一顿饭的工夫也不能违背仁的。在最紧迫的时刻也必与仁德同在，在流离困顿的时候也必与仁德同在。”

［注释］

1 处：安处其中。

2 去：避开，摆脱。

3 恶（wū）：同“乌”，相当于“何”。

4 终食之间：一顿饭的工夫。违：违背，离开。

5 造次：紧迫，仓促，急迫。“是”：代词，指仁。必于是：必在仁中（而不离开）。

［疏解］

君子与小人之区别，不在于要不要富贵。

君子与小人的区别，只在于手段的不同。

4.6 子曰：“我未见好仁者，恶不仁者。好仁者，无以尚之[1]；恶不仁者，其为仁矣，不使不仁者加乎其身。有能一日用其力于仁矣乎？我未见力不足者。盖有之矣[2]，我未之见也[3]。”

［译文］

夫子说：“我没见过爱好仁德的人，厌恶不仁的人。爱好仁德的人，是再好不过的了；厌恶不仁的人，他实行仁德，是因为他不愿意让不仁德的东西沾染自身。有哪怕仅仅在一天的时间里把自己的力量用于实行仁德的人吗？我还没见过力量不够的。这样的人大概会有，我没见过。”

［注释］

1 尚：超过。

2 盖：大概。

3 未之见：未见之，没看到过。

［疏解］

好仁者，趋于仁；恶不仁者，避不仁。

趋避之间，舍不仁而趋仁，弃不义而就义。

4.7 子曰："人之过也，各于其党[1]。观过，斯知仁矣[2]。"

［译文］

夫子说："人犯的错误，与他是哪一类人有关。观察一个人犯什么错误，就能知道他是否具有仁德了。"

［注释］

1 党：类。朱熹《四书集注》："程子曰：'人之过也，各于其类。君子常失于厚，小人常失于薄；君子过于爱，小人过于忍。'尹氏曰：'于此观之，则人之仁不仁可知矣。'……愚按：此亦但言人虽有过，犹可即此而知其厚薄，非谓必俟其有过，而后贤否可知也。"

2 斯：代词，那。仁：一说同"人"。细考以上六章都是说"仁"，则此处当以"仁"为是。杨逢彬《论语新注新译》亦持"仁"说并有详细说明。

［疏解］

孔子是在教我们怎样观察、了解人。

4.8　子曰："朝闻道，夕死可矣。"

［译文］

夫子说："早上得知真理，即使晚上就死去，也可以。"

［疏解］

生命的价值在于追求真理，而未经思考的人生不值一过。

4.9　子曰："士志于道，而耻恶衣恶食者，未足与议也。"

［译文］

夫子说："士是立志于求道行道的，既然如此，如果一个士人却耻于衣服不好、食物不好，就不值得与他谈论了。"

［疏解］

不能承受打击与挫折，不能忍受生活的艰苦，"志于道"便成一句空话。

4.10 子曰："君子之于天下也，无适也，无莫也[1]，义之与比[2]。"

［译文］

夫子说："君子对于天下事，没有一定要这样，也没有一定不要这样，合理恰当就是。"

［注释］

1 无适、无莫：无可无不可，不一成不变。适：适当，正确，表示肯定。莫：不适，没有，表示否定。

2 义之与比：即努力追求合理适当。义：宜，适宜。与：赞同。比（bì）：靠近。

［疏解］

《孟子·离娄下》："大人者，言不必信，行不必果，惟义所在。"正是本章好注脚。

4.11 子曰："君子怀德，小人怀土。君子怀刑[1]，小人怀惠。"

［译文］

夫子说："君子关心自己的德行修养，小人关心自己的土地田宅。君子在意法度，小人在意恩惠。”

［注释］

1 刑：指法度。

［疏解］

君子致力于提高自己的道德水平；小人整天想的是提高自己的消费水平。

4.12 子曰：“放于利而行[1]，多怨。”

［译文］

夫子说：“依据私利而行动，便易多生怨恨。”

［注释］

1 放：通“仿”，依据。

［疏解］

此章亦可以和4.4章对看：苟志于仁矣，无恶；放于利而行，多怨。

4.13 子曰：“能以礼让为国乎，何有？不能以礼

让为国，如礼何？”

［译文］

夫子说：“能够以礼让来治理国家吗，那还会有什么问题呢？不能以礼让来治国，一卷礼书、一套礼仪又能怎么样？”

［疏解］

今日“依法治国”之“法”，主要乃是指“宪法”。

今之“宪法”，古之“礼法”，今之“法制”，古之“礼制”，今之“依法治国”，古之“以礼治国”。

4.14　子曰：“不患无位，患所以立。不患莫己知，求为可知也。”

［译文］

夫子说：“不要发愁没有职位，要担忧用来立身的东西具备了没有。不要发愁没人了解自己，去追求具备那些值得别人了解你的东西吧。”

［疏解］

士所关注者，在于“位”，故往往患得患失。孔子告诫他们：最重要的是立身之本是否具备。

4.15 子曰："参乎！吾道一以贯之。"曾子曰："唯[1]。"子出，门人问曰："何谓也？"曾子曰："夫子之道，忠恕而已矣。"

［译文］

夫子说："参啊！我的思想有一个根本的东西贯穿始终。"曾子说："是。"孔子出去后，别的弟子问（曾子）："你们说的是什么意思？"曾子说："老师的思想，只是忠和恕罢了。"

［注释］

1 唯：与"诺"都是恭敬的应答词，有成语"唯唯诺诺"，相当于"是是是"。

［疏解］

"恕"，就是"己所不欲，勿施于人"。

"忠"，就是"己欲立而立人，己欲达而达人"。

4.16 子曰："君子喻于义，小人喻于利。"

［译文］

夫子说："和君子讲义，同小人讲利。"

[**疏解**]

要说服君子，告诉他义在哪里；要引导小人，告诉他利在哪里。

4.17 子曰：“见贤思齐焉[1]，见不贤而内自省也。”

[**译文**]

夫子说：“看到贤人，就要想着向他看齐；看到不贤的人，就应该自我反省（自己是否也有与他类似的毛病）。”

[**注释**]

1 贤：贤人。齐：平等，向……看齐，与……同等。

[**疏解**]

老子说：“善人者，不善人之师；不善人者，善人之资。”

4.18 子曰：“事父母几谏[1]。见志不从，又敬不违，劳而不怨[2]。”

[**译文**]

夫子说：“侍奉父母，（假如他们有什么不对的地方，）得委婉地劝说。看到自己的意愿没有被父母听从，仍然要恭敬不违，辛劳不怨。”

［注释］

1 几（jī）：委婉，轻微，含蓄。

2 劳：辛劳。

［疏解］

这是讲两害相权取其轻：还有什么比损害了父母子女关系更大的危害吗？

4.19 子曰：“父母在，不远游。游必有方。”

［译文］

夫子说：“父母在世，（最好）不要离家远游；(如果一定要)远游，也必须有一定的方向和理由。”

［疏解］

不远游，是因为要侍奉父母。

游必有方，是不让父母因无法把握自己而挂念担心。

4.20 子曰：“三年无改于父之道，可谓孝矣。”

［疏解］

参见1.11。

4.21 子曰：“父母之年，不可不知也。一则以喜，一则以惧。”

［译文］

夫子说：“父母的年纪，不能不知道。一方面为他们高寿而欢喜，一方面为他们日益衰老而担心。”

［疏解］

且喜且惧，这种感情，非深有体察者道不出。

4.22 子曰：“古者言之不出[1]，耻躬之不逮也[2]。”

［译文］

夫子说：“古代的人言语不轻易出口，他们以说得出却做不到为可耻。”

［注释］

1 古者：古代的人。孔子常常把一种理想的状态托之于古。理想的时代，是古代；理想的人，是古人……所以，读到孔子类似的话，不必当成孔子真认为古人真如此，古代真如此，而是孔子希望我们今人能如此。

2 耻：以……为耻。躬：亲身，亲自，这里指自己的行动。逮：赶上。

［疏解］

说之前，先考虑能否做到。这是对别人负责，也是对自己负责。这是诚信，也是自知。

4.23　子曰："以约失之者，鲜矣[1]。"

［译文］

夫子说："因为约束自己而失误的，是很少的。"

［注释］

1 约：约束，检束，谨慎节制。鲜：少。

［疏解］

话不要多说，叫约；事不要过头，也叫约。

4.24　子曰："君子欲讷于言[1]，而敏于行。"

［译文］

夫子说："君子要在言语上谨慎迟缓，而在行动上敏捷勤奋。"

［注释］

1 讷：言语迟钝。这里指说话之前考虑周到，说话谨慎。

［疏解］

参见1.14。

4.25 子曰："德不孤，必有邻。"

［译文］

夫子说："有道德的人不会孤单，必有亲近他的人。"

［疏解］

一个有道德的好人，总会有几个真心的朋友。

4.26 子游曰："事君数[1]，斯辱矣[2]；朋友数，斯疏矣。"

［译文］

子游说："事奉君主，如果过分热切，就会招致羞辱；对待朋友，如果过于热情，反而会被疏远。"

［注释］

1 数：屡次，多次。这里指过分殷勤而至烦琐。

2 斯：副词，就。

［疏解］

凡事要有度。

人生在世，有很多责任。但是，这些责任往往是有限责任。

公冶长篇第五

5.1　**子谓公冶长[1]：“可妻也[2]。虽在缧绁之中[3]，非其罪也。”以其子妻之[4]。**

［**译文**］

夫子说公冶长：“可以把女儿嫁给他。他虽然被囚禁在监狱之中，但这不是他的罪过。”（后来）把自己的女儿嫁给了他。

［**注释**］

1 公冶长：姓公冶，名长，字子芝。孔子弟子。

2 妻：这里作动词用，使有妻。

3 缧绁（léi xiè）：捆绑犯人用的长绳子，这里代指囚禁。

4 子：古时“子”兼指儿子和女儿，这里指女儿。

［疏解］

孔子不计较一个人是否服过刑，主动把女儿嫁给对方，这正是孔子超越凡人的地方。超越凡人，就是超越凡人的观念。

5.2　子谓南容[1]：“邦有道，不废；邦无道，免于刑戮。”以其兄之子妻之。

［译文］

夫子说南容：“国家有道的时候，他做着官而不被废弃；国家无道的时候，他也会避开刑戮。”（后来）便把哥哥的女儿嫁给了他。

［注释］

1 南容：姓南宫，名适（kuò），字子容。孔子弟子。

［疏解］

从嫁女的角度讲，这条理由比上一章的理由要充分些。

此章和上一章，可以看出，孔子择婿，其条件很平实、很务实。

5.3　**子谓子贱[1]：“君子哉若人[2]！鲁无君子者，斯焉取斯[3]？”**

［译文］

夫子评论子贱，说：“君子啊这个人！假如鲁国没有君子，他从哪里得到这种品德的呢？”

［注释］

1 子贱：姓宓（fú），名不齐，字子贱，孔子弟子。宓，一作虙，《康熙字典》引皇甫谧云：“孔子弟子虙不齐，后人云济南伏生，即子贱之后，是知虙与伏古字通用，后误以为宓也。”

2 若：此，这，那。

3 第一个“斯”，是代指子贱这个人。第二个“斯”，是代指君子的品德。焉：哪里，怎么，怎样。取：取得，获得。

［疏解］

孔子是在夸子贱，也是在夸鲁国。

5.4　**子贡问曰：“赐也何如？”子曰：“女，器也。”曰：“何器也？”曰：“瑚琏也[1]。”**

［译文］

子贡问夫子："我端木赐是什么样的人呢？"夫子说："你，是个器呢。"(子贡)问："什么样的器呢？"夫子说："瑚琏一样的器吧。"

［注释］

1 瑚琏：古代祭祀时盛粮食（黍稷）用的一种贵重的器具，很尊贵。

［疏解］

从"器"的境界说，子贡已是贵器，利器，可以以之工其事，立其功；从"不器"的高境界说，修养尚未成功，子贡仍须努力。

5.5 或曰："雍也仁而不佞[1]。"子曰："焉用佞？御人以口给[2]，屡憎于人。不知其仁，焉用佞？"

［译文］

有人说："冉雍这个人，有仁德，却没口才。"夫子说："何必要口才呢？(能言善辩)以伶牙俐齿辩驳别人，常常被人憎恶。我不知道冉雍是不是具备仁德了，但哪里用得上什么口才呢？"

［注释］

1 雍：姓冉，名雍，字仲弓。孔子弟子。佞（nìng）：强嘴利舌，巧言花语。

2 御：触犯，冒犯。这里指辩驳对方，与人顶嘴。口给（jǐ）：嘴巧，嘴快话多。

［疏解］

人的某些能力不是要不要的问题，而是轻重缓急问题。

口才很重要，必须有。但是，相对于口才，什么更根本？——德行。

5.6 子使漆雕开仕[1]，对曰："吾斯之未能信[2]。"子说。

［译文］

夫子叫漆雕开去做官，(漆雕开)回答说："我对能不能做好官还没有信心。"夫子很高兴。

［注释］

1 漆雕开：姓漆雕，名开，字子开。孔子弟子。

2 "吾斯"句："吾未能信斯"的倒装。斯：做官的事。信：信心，自信。

［疏解］

孔子为什么高兴？因为漆雕开一句话显示出他两个优点：一、他不汲汲于做官，不汲汲于追求富贵名利；二、他谦虚好学而有自知之明。

5.7 子曰："道不行，乘桴浮于海[1]，从我者[2]，其由与[3]？"子路闻之喜。子曰："由也好勇过我，无所取材[4]。"

［译文］

夫子说："我的道行不通了，我乘上木筏漂流到海外去吧。能跟随我的，可能只有仲由吧！"子路听了这话很高兴。夫子说："仲由啊，比我还勇敢，（乘木筏漂大海他也真敢去啊。）可是我们无处去找扎木筏之材啊。"

［注释］

1 桴（fú）：用竹或木编成当船用的水上交通工具，大的叫"筏"，小一点的叫"桴"。

2 从：跟从，跟随。

3 其：大概，可能。与：同"欤"，表疑问，与"乎"同。

4 材：制作木筏的木材。郑玄："无所取材者，无所取于桴材。"

［疏解］

乘桴浮于海，本来只是孔子的一句诗意叹息，被子路当了真。这正是子路的敦厚可爱处。孔子拿他取笑，亦责亦爱。师徒笑话之间，圣贤和煦气象，千载而下，读之如在目前。

5.8 孟武伯问："子路仁乎？"子曰："不知也。"又问。子曰："由也，千乘之国，可使治其赋也[1]，不知其仁也。""求也何如？"子曰："求也，千室之邑[2]，百乘之家[3]，可使为之宰也[4]，不知其仁也。""赤也何如[5]？"子曰："赤也，束带立于朝[6]，可使与宾客言也，不知其仁也。"

［译文］

孟武伯问："子路仁吗？"夫子说："不知道。"他又问。夫子说："仲由啊，一个有一千辆兵车的国家，可以让他管理兵役和军政，至于他是否仁，我不知道呢。"孟武伯问："冉求怎么样？"夫子说："冉求嘛，一个一千户人口的邑，或一百辆兵车的封地里，可以让他担任总管。至于他是否仁，我不知道呢。"孟武伯问："公西赤怎么样呢？"夫子说："公西赤嘛，穿上礼服，站在朝廷之上，可以让他接待宾客，至于他是否仁，我不知道呢。"

［注释］

1 治其赋：赋，此指兵赋，治其赋，含有负责管理军政的意思。

2 邑：古代居民的聚居点，相当于后世的城镇。

3 家：指的是卿、大夫的采地食邑。

4 宰：古代县长叫“宰”，大夫家的总管也叫“宰”。

5 赤：姓公西，名赤，字子华。孔子弟子。

6 束带：穿好礼服，扎好衣带。这里指穿上礼服去上朝。

［疏解］

孔子不轻易以“仁”予人。他这三位弟子，与5.4所讲到的子贡一样，都是器——国家的有用人才，但是否达到了仁之境界，还难说。

5.9 子谓子贡曰：“女与回也，孰愈[1]？”对曰：“赐也何敢望回[2]？回也闻一以知十，赐也闻一以知二。”子曰：“弗如也[3]；吾与女[4]，弗如也。”

［译文］

夫子问子贡道：“你与颜回相比，谁更强一些啊？”子贡回答：“我怎么敢同颜回相比？颜回听到一件事，可以推知十件事，我呢，听到一件事只能推知两件事。”夫子说：

“不如他啊，我和你，都不如他啊。”

［注释］

1 孰：谁。愈：胜过，更好，更强。

2 望：比。

3 弗：不。

4 与：一般解释为“同意”“赞同”，则此句意为：我同意你的观点，你是不如他。但这样理解，孔子的这句话对子贡就显得太生硬，若理解为“我和你都不如他”，是既夸了颜渊，也给了子贡面子。

［疏解］

子贡有足够的聪明可以获得世俗的成功，他也有足够的智慧认识到圣贤的境界。

5.10 宰予昼寝。子曰：“朽木不可雕也，粪土之墙不可杇也[1]。于予与何诛[2]？”子曰：“始吾于人也，听其言而信其行。今吾于人也，听其言而观其行。于予与改是[3]。”

［译文］

宰予大白天睡觉。夫子说：“腐朽的木头不能再雕刻，落满浮土的墙壁也无法粉刷。对于宰予这个人，还能给他什么对他有用的批评呢？”又说：“以前，我对于人，是听其言而信其行；现在，我对于人，是听其言而观其行。从宰予这里我改变了观察人的方法。”

［注释］

1 粪土：《礼记·曲礼》：“凡为长者粪之礼，必加帚于箕上，以袂拘而退；其尘不及长者，以箕自乡而扱之。”意思是：给尊长扫地，必须把扫帚放在箕上，用衣前下摆遮着扫。使尘土不会粘上尊长。箕口向着自己将尘扫入箕内。故“粪”乃室内之尘土。粪土之墙，即墙上有浮土，故不可涂抹。杇（wū）：同“圬”，《说文》：“杇，所以涂也”，粉刷墙壁叫“杇”，粉刷的工具也叫“杇”。

2 与：给予。诛：谴责，责备，指责。

3 是：代词，此，这。

［疏解］

不知道孔子为什么对宰予如此严厉，这可能是一个永远无法解开的谜了。

5.11 子曰：“吾未见刚者。”或对曰：“申枨[1]。”子曰：“枨也欲[2]，焉得刚？”

［译文］

夫子说："我没见过真正刚强的人。"有人回答："申枨。"夫子说："申枨啊，他有太多的欲望，怎么能刚强？"

［注释］

1 申枨（chéng）：姓申，名枨，字周，孔子弟子。

2 欲：欲望。

［疏解］

孔子这里讲的刚，不是体格之刚、性格之刚，而是人格之刚、精神道德之刚。体格之刚可以抵御病菌的侵袭，人格之刚则可以抵御不当欲念的侵袭。

5.12　子贡曰："我不欲人之加诸我也[1]，吾亦欲无加诸人。"子曰："赐也，非尔所及也。"

［译文］

子贡说："我不愿别人强加什么给我，我也愿意不强加什么给别人。"夫子说："端木赐呀，这不是你所能做到的。"

［注释］

1 诸："之于"的合音。

［疏解］

子贡所说，即是一“恕”字。

5.13 子贡曰：“夫子之文章[1]，可得而闻也。夫子之言性与天道[2]，不可得而闻也。”

［译文］

子贡说：“夫子关于文献方面的学问，我可得听闻。夫子关于人性和天道的论述，我不得与闻呢。”

［注释］

1 文章：指礼、诗、书、史等各种古代文献中的学问。

2 性：人的自然本性。天道：天命。古代一般指自然和人类社会的吉凶祸福的关系。

［疏解］

人道亲切，天道冷淡；人道迫切，天道迂远。人道者，仁道也，仁者爱人，当然要谈。而天地不仁，以万物为刍狗，何必多谈？怎能多谈？所以，孔子谈人道多，谈天道少。

5.14 子路有闻，未之能行，唯恐有闻[1]。

[译文]

子路听到某一道理，没有实行的时候，唯恐又听到新的道理。

[注释]

1 有：同“又”。

[疏解]

别人的缺点是言而无行或少行，而子路的特点则是不仅说到做到，还要第一时间做到。

5.15 子贡曰：“孔文子何以谓之‘文’也[1]？”子曰：“敏而好学，不耻下问，是以谓之‘文’也。”

[译文]

子贡问道：“孔文子为什么被谥为‘文’呢？”夫子说：“聪敏而又爱好学习，向下面的人请教而不以为耻，所以谥他为‘文’。”

[注释]

1 孔文子：卫国的执政上卿，姓孔，名圉（yǔ），字仲叔，“文”是他的谥号。《左传·哀公十一年》记载他与其女婿相争以至于大动干戈，还向孔子讨教如何用兵，惹得孔子愤怒离开卫国。因为孔文子私德有亏，所以子贡有此一问。

［疏解］

聪明而又好学，位高而又下问，难得。这是孔文子为什么谥为“文”的原因（谥法有以“勤学好问”为“文”者）。

5.16　子谓子产[1]：“有君子之道四焉：其行己也恭，其事上也敬，其养民也惠，其使民也义。”

［译文］

夫子说子产：“他具有四种君子的品德：他自身举止庄重谦恭；他事奉君主尊敬顺从；他对待人民仁爱慈惠；他支派人民合理恰当。”

［注释］

1　子产：姓公孙，名侨，字子产，郑国大夫，担任过正卿（相当于宰相）。春秋末期杰出政治家。他在执政时很得人民的拥护。孔子曾经向他请教，二人亲如兄弟（《史记·郑世家》《史记·仲尼弟子列传》《左传·昭公二十年》），孔子称他为“仁人”“惠人”。

[疏解]

这是说一个执政者的修养：自处，对上和对下。三者中，行己是根本，事上是身份，而养民和使民，则是执政者核心职责。

5.17　子曰："晏平仲善与人交[1]，久而敬之。"

[译文]

夫子说："晏平仲善于与人交往，相处越久，别人越尊敬他。"

[注释]

1 晏平仲：姓晏，名婴，字仲，齐国大夫。死后，谥号为"平"，故称他为"晏平仲"。

[疏解]

《孔子家语·辩政》载孔子夸奖晏子："晏子于君为忠臣，而行为恭敬。故吾皆以兄事之，而加爱敬。"

5.18　子曰："臧文仲居蔡[1]，山节藻棁[2]，何如其知也[3]。"

［译文］

夫子说："臧文仲为大乌龟盖房子，还雕梁画栋，他的智慧能怎么样呢？"

［注释］

1 臧文仲：鲁国大夫，姓臧孙，名辰，字仲。死后谥号"文"。孔子曾批评他"不仁""不智"。居蔡：古人把大乌龟叫"蔡"。"居"，居处，房子。这里用作动词，"居蔡"是指为大乌龟盖房子住。只有天子才能把作占卜用的大乌龟壳藏在如此豪华的房屋里。臧文仲也这样做，显然是"越礼"行为。

2 山节藻棁："节"，是房柱子头上的斗拱；"山节"，是把斗拱雕刻成山的形状。"藻"，是水草；"棁（zhuō）"，是房子大梁上的短柱；"藻棁"，是在短柱上画上花草图案。山节藻棁，也就是通常说的"雕梁画栋"。

3 此句意为"其知何如也？"

［疏解］

臧文仲把一切都寄托在龟壳上，弃德而佞龟，孔子认为他很愚蠢。

5.19　子张问曰："令尹子文三仕为令尹[1]，无喜

色；三已之[2]，无愠色。旧令尹之政，必以告新令尹。何如？”子曰：“忠矣。”曰：“仁矣乎？”曰：“未知。焉得仁？”“崔子弑齐君[3]，陈文子有马十乘[4]，弃而违之[5]。至于他邦，则曰：‘犹吾大夫崔子也’。违之。之一邦，则又曰：‘犹吾大夫崔子也。’违之。何如？”子曰：“清矣。”曰：“仁矣乎？”曰：“未知。焉得仁？”

［**译文**］

子张问夫子：“令尹子文几次担任令尹，没有喜悦的脸色；几次被罢免，也没有怨恨的脸色。（每次免职时）自己做令尹时的旧政，一定告诉新任的令尹。他怎么样呢？”夫子说：“忠诚啊。”（子张）说：“算得上仁吗？”（夫子）说：“不知道。（光你说的这些）哪里就能算是仁呢？”（子张又问：）“崔子杀了齐庄公，陈文子有四十匹马，舍弃不要，离开了他。到了另一国，说：‘（这里的执政者）很像我国的大夫崔子啊。’离开了。再到另一国，又说：‘（这里的执政者）很像我国的大夫崔子啊。’又离开了。他怎样呢？”夫子说：“清白啊。”（子张）说：“算得上仁吗？”（夫子）说：“不知道。（光你说的这些）哪里就能算得上是仁呢？”

［注释］

1 令尹：楚国的官职名，相当于北方诸国的国相。子文：是楚国著名的贤相。三仕：“三”，是虚数，多次，几次。“仕”，做官，担任职务。

2 三已：多次被免职。

3 崔子：指齐国大夫崔杼（zhù）。他把齐庄公杀了。弑（shì）：臣杀死君主或子女杀死了父母叫“弑”。

4 陈文子：齐国大夫。

5 违：离别，离开。

［疏解］

“忠”与“清”是仁之必要条件，不是仁的充分条件。

5.20 季文子三思而后行[1]。子闻之，曰：“再[2]，斯可矣。”

［译文］

人们都说以前的季文子三思而后行。孔子听到这事，（幽默地）说：“考虑两次，就可以了嘛。”

［注释］

1 季文子：鲁国大夫，姓季孙，名行父。“文”是他死后的谥号，季平子（季孙意如）的祖父。

2 再：再次，第二次。

［疏解］

钱穆说：“季文子之为人，于祸福利害，计较过细，故其生平行事，美恶不相掩。”（《论语新解》本章释）故孔子并不赞赏季文子的这个禀性，如钱穆所说，“多思转多私”，祸福利害计较太深，总不能见义勇为。

5.21　子曰：“宁武子[1]，邦有道，则知[2]；邦无道，则愚[3]。其知可及也，其愚不可及也。”

［译文］

夫子说：“宁武子，在国家有道的时候，就聪明；当国家无道的时候，就愚拙。他的聪明，别人赶得上；他的愚拙，别人可就赶不上了。”

［注释］

1 宁武子：姓宁，名俞。卫国大夫。“武”，是他死后的谥号。

2 知：同“智”。

3 愚：本义是愚笨。这里指装傻。

［疏解］

朱熹云："按春秋传，武子仕卫，当文公、成公之时。文公有道，而武子无事可见，此其知之可及也。成公无道，至于失国，而武子周旋其闲，尽心竭力，不避艰险。凡其所处，皆智巧之士所深避而不肯为者，而能卒保其身以济其君，此其愚之不可及也。"

朱熹之意是：宁武子仕卫，事文公、成公。文公有道，得君行道；成公无道，国家危难，一般明哲保身之聪明人都避险而去，而宁武子不避艰险，为国支撑，若不识时务者。这种担当精神，孔子称人不可及也。

5.22 子在陈，曰[1]："归与！归与！吾党之小子狂简[2]，斐然成章，不知所以裁之[3]。"

［译文］

孔子在陈国时，说："回去吧！回去吧！我家乡的学生们，志向远大，而行为粗简，文采斐然可观，我不知道该怎样去剪裁他们呢。"

［注释］

1 陈：国名，妫（guī）姓。

2 吾党：我的故乡（鲁国）。古代五百家为一党。狂简："狂"，指心气很高，志向远大；"简"，指行为简略而不够圆融。

3 裁：剪裁、指导的意思。

［疏解］

《史记·孔子世家》：鲁"使使召冉求。冉求将行，孔子曰：'鲁人召求，非小用之，将大用之也。'是日，孔子曰：'归乎归乎！吾党之小子狂简，斐然成章，吾不知所以裁之。'"

5.23　子曰："伯夷、叔齐不念旧恶[1]，怨是用希[2]。"

［译文］

夫子说："伯夷、叔齐，不记过去的仇怨，怨恨因此就少了。"

［注释］

1 伯夷、叔齐：是殷朝末年一个小国的国君孤竹君的两个儿子，兄叫伯夷，弟叫叔齐。孤竹君死后，伯夷、叔齐兄弟二人互相让位，谁都不肯做国君。周武王兴兵伐纣时，他们曾拦车马进行劝阻。周灭殷后，他们耻食周粟，隐居在首阳山，采薇为食，终于饿死。

2 是用：即“用是”，因此。希：同“稀”，少。

［疏解］

内心中没有怨恨，没有对别人的不满，这是清洁自己的内心，保持内心的清洁与平静。

5.24　子曰：“孰谓微生高直[1]？或乞醯焉[2]，乞诸其邻而与之。”

［译文］

夫子说：“谁说微生高这个人直爽呀？有人向他讨点醋，（他不直言自己没有），却到他的邻居家去要了点醋给人。”

［注释］

1 微生高：《庄子》《战国策》中有一“尾生高”，鲁国人，以直爽、守信著称。传说他与一女子相约在桥下见面，女子没按时来，尾生高一直在约会处等候。后来，河水暴涨，尾生高不愿离开桥下，抱住桥柱子死守，终被淹死。这个尾生高，可能就是微生高。

2 醯（xī）：醋。

［疏解］

做人做事，都不能太刻意，这样会显得太有心机。也不能太曲意，这样会变得很烦琐。

5.25　子曰："巧言、令色、足恭，左丘明耻之[1]，丘亦耻之。匿怨而友其人[2]，左丘明耻之，丘亦耻之。"

［译文］

夫子说："甜蜜花巧的话语，奉承讨好的脸色，过分矫情的恭敬，左丘明以之为耻，我孔丘也以之为耻。隐藏起怨恨，假装与人友善要好，左丘明以之为耻，我孔丘也以之为耻。"

［注释］

1 左丘明：春秋时鲁国人，担任过鲁国的太史（朝廷史官），据说《左传》即他所作。

2 匿：隐藏。

［疏解］

巧言、令色、足恭，是人格的萎缩，是自我的奴化，至于"匿怨而友其人"，则对人对己，都不公平。

5.26　颜渊、季路侍[1]。子曰："盍各言尔志[2]？"

子路曰："愿车马衣裘与朋友共[3]，敝之而无憾。"颜渊曰："愿无伐善[4]，无施劳[5]。"子路曰："愿闻子之志。"子曰："老者安之，朋友信之[6]，少者怀之。"

［**译文**］

颜渊、子路在孔子身边侍立。夫子说："何不各自说说你们的志向？"子路说："愿意把车马皮衣拿出来与朋友共同使用，用坏了也不遗憾。"颜渊说："愿有善而不夸耀善，愿有功而不表白功。"子路说："愿意听听老师的志向。"夫子说："老人安顿他，壮年发展他，少年养育他。"

［**注释**］

1 季路：即子路。侍：服侍，在尊长身边站着随时听命。

2 盍（hé）：何不。

3 裘：皮衣。

4 伐：夸耀，自夸。

5 施：表白。

6 朋友：这里的朋友，我觉得不能理解为字面意思，因为前面是老者，后面是少者，所以，中间的"朋友"，应该是"如我们这辈正当时之人"，而这个"信"，读shēn，意思和读音都与"伸"相同，伸直、舒展，引申为使有作为。《易经·系辞下》："往者屈也，来者信也。"信与屈对言，伸也。

［疏解］

程子曰：“夫子安仁，颜渊不违仁，子路求仁。”

《论语集说》曰：“子路求仁者也，故能克其私于衣服车马之间，而欲与朋友共之也；颜子不违仁者也，善不矜己，劳不加人，盖欲物我之靡间也；夫子安仁者也，老者则安之，朋友则信之，少者则怀之，盖欲无物而不得其所也。子路之志，仅能推之于朋友而已；颜子平物我之志，视子路则又宏矣，然亦有待于推也；至吾夫子，物各付物自然之施，则无所事乎推矣。”

5.27　子曰：“已矣乎！吾未见能见其过而内自讼者也[1]。”

［译文］

夫子说：“算了吧！我没见过能看到自身的错误而内心自我批评的人。”

［注释］

1 讼：责备，争辩是非。

［疏解］

自己有错，自己能认识到，还能自己反省与自我批评——这样的人，岂是能常常见到的？

5.28 子曰：“十室之邑[1]，必有忠信如丘焉，不如丘之好学也。”

［译文］

夫子说：“十户人家的小村邑，一定有如同我这样忠信的人，（只是）不如我这样爱好学习啊。”

［注释］

1 十室：十户人家。“十室之邑”，极言其小。

［疏解］

好学，则一切缺点可望改掉，一切不足可望弥补。

孔子之由凡人成为圣人，无他，好学而已。

雍也篇第六

6.1　子曰："雍也可使南面[1]。"

［译文］

夫子说："冉雍啊，可以让他主持大局。"

［注释］

1 雍：冉雍，字仲弓。孔子学生。南面：就是面朝南。古代以坐北朝南为尊位、正位。所以，南面，即掌握大局坐镇一方的意思。

［疏解］

《史记·仲尼弟子列传》："孔子以仲弓为有德行，

曰：‘雍也可使南面’。”在孔子弟子中，以德行见长的有四人，冉雍是其一。主持大局，最重要的是价值观和方向感，有德性者才适合。

6.2 仲弓问子桑伯子[1]。子曰：“可也，简[2]。”仲弓曰：“居敬而行简[3]，以临其民[4]，不亦可乎？居简而行简，无乃大简乎[5]？”子曰：“雍之言然。”

［译文］

仲弓问子桑伯子这个人怎么样。夫子说：“不错。为人简要。”仲弓说：“心存恭敬，办事简要，用这样的方法去对待人民，不也是可以的吗？（但是如果）心存草率而办事粗简，岂不是太简单化了吗？”夫子说：“你的话是对的。”

［注释］

1 子桑伯子：人名，其身世情况不详。

2 简：简约而不烦琐。

3 居：尽心，存心。

4 临：面临，这里是治理的意思。

5 无乃：岂不是，难道不是。大：同“太”。

［疏解］

简，从做事言，可以简捷，不可以简陋。

简，从做人言，可以简重，不可以简傲。

6.3　哀公问：“弟子孰为好学？”孔子对曰：“有颜回者好学，不迁怒[1]，不贰过[2]。不幸短命死矣。今也则亡[3]，未闻好学者也。”

［译文］

鲁哀公问：“你的学生中谁是好学的呢？”孔子回答：“有一个叫颜回的，很好学，不迁怒，不贰过。不幸短命死了。现在就没有了，没听到有好学的人了。”

［注释］

1 迁怒：指自己不如意时，对别人发火生气；或受了甲的气，却转移目标拿乙出气。“迁”，转移。

2 贰：二，再一次，重复。

3 亡：同“无”。

［疏解］

《论语》中“好学”，指纯粹出于对学问的爱好。好学者，好学问也。

孔门之中，唯颜子一人不官不商，只为好学问而归孔子。

6.4 子华使于齐[1]，冉子为其母请粟。子曰："与之釜[2]。"请益[3]。曰："与之庾[4]。"冉子与之粟五秉[5]。子曰："赤之适齐也，乘肥马，衣轻裘。吾闻之也，君子周急不继富[6]。"

［译文］

子华被派出使齐国，冉求请求给子华的母亲一些小米。夫子说："给他一釜。"冉求请求再增加些。夫子说："那就再给他一庾。"冉求给了他五秉小米。夫子说："公西赤到齐国去，乘坐肥马驾的车，身穿又轻又暖的皮衣。我听说过，君子周济急需的人，而不是使人变富。"

［注释］

1 子华：即公西赤。

2 釜（fǔ）：古代容量名。六斗四升为一釜，古量约合今量之半，三斗二升，约是一个人一月的口粮。

3 益：增添，增加。

4 庾（yǔ）：古代容量名。一庾合当时二斗四升。

5 秉（bǐng）：古代容量名。一秉合十六斛，一斛合十斗。"五秉"，就是八百斗。

6 周：周济，救济。继：接济，增益。

［疏解］

见下6.5疏。

6.5 原思为之宰[1]，与之粟九百[2]，辞。子曰："毋[3]！以与尔邻里乡党乎[4]！"

［译文］

原思替孔子家做总管，（夫子）给他小米九百斗，（原思）推辞不要。夫子说："不要推辞！把这些送给你邻居和家乡的人们吧！"

［注释］

1 原思：孔子弟子。姓原，名宪，字子思。孔子在鲁国任司寇时，原思在孔子家做总管（宰）。之：指代孔子。

2 之：代指原思。九百：九百斗。一说，指九百斛，则是九百石。不可确考。

3 毋：不要，勿。

4 邻里乡党：古代以五家为邻，二十五家为里，五百家为党，一万二千五百家为乡。这里泛指原思家乡的父老乡亲。

［疏解］

孔子深知，原宪这样的穷人，一定有很多穷亲戚穷朋友，原宪做官了，他们对他一定有指望，希望得到他的接济。所以，原宪此时一定有来自这方面的压力，孔子多给他一些，就是为了这一部分的支出。此可见孔子体察人性亦体谅人性；孔子想通过原宪周济一下与原宪一样贫穷的人。孔子布施仁慈而不露痕迹。

6.6 子谓仲弓，曰："犁牛之子骍且角[1]，虽欲勿用，山川其舍诸[2]?"

［译文］

夫子谈论仲弓，说："耕牛生的一个小牛犊，长着整齐的红毛和周正的硬角，虽然不想用它（作为祭祀时的祭品），山川之神怎么会舍弃它呢？"

［注释］

1 "犁牛"句："犁牛"，耕牛。"骍（xīng）"，赤色，"角"，两角端正。周代崇尚赤色，祭祀用的牛，必须是长着红毛和端正的长角的牛，不能用普通的耕牛来代替。这里用"犁牛之子"，比喻冉雍（仲弓）。据说冉雍的父亲是失去贵族身份的"贱人"，品行也不好。孔子认为，就像耕牛所产之子若符合条件，也可作祭祀用的牛一样。冉雍虽然出身不好，但德行才学都好，一定会被重用。

2 山川：指山川之神。其：表示反问的语助词。怎么会，难道，哪能。舍：舍弃，不用。

［疏解］

人要担心的，是自己是否有足够的才华，不必太担心是否有机会。虽欲勿用，天不绝人，山川其舍诸？

6.7　子曰：“回也，其心三月不违仁[1]，其余则日月至焉而已矣[2]。”

［译文］

夫子说：“颜回啊，他的心灵长期不违背仁德，其余的学生，只能在某些时间偶然想到仁德而已。”

［注释］

1 三月：泛指较长的时间，长期。违：离开。

2 日月：泛指较短的时间，偶尔。至：达到。

［疏解］

偶然仁德一两回，偶然做一两件好事，人人可行。

长期做好人做好事，心灵永远停留在仁德之境中，便是圣人。

6.8 季康子问："仲由可使从政也与？"子曰："由也果，于从政乎何有[1]？"曰："赐也可使从政也与？"曰："赐也达，于从政乎何有？"曰："求也可使从政也与？"曰："求也艺，于从政乎何有？"

［译文］

季康子问："仲由，可以让他治理政事吗？"夫子说："仲由果断勇敢，对于治理政事有什么问题呢？"季康子又问："端木赐，可以让他治理政事吗？"（夫子）说："端木赐通达事理，对于治理政事有什么问题呢？"（季康子）又问："冉求，可以让他治理政事吗？"（夫子）说："冉求，多才多艺，对于治理政事有什么问题呢？"

［注释］

1 何有：有何（疑问）。

［疏解］

孔子不愿用"仁"等道德境界来推重他的弟子们，但他相信弟子们处理政务的能力，自己带出来的这群弟子，是治国安邦抚民的最佳人才。

6.9 季氏使闵子骞为费宰[1]。闵子骞曰："善为我辞焉！如有复我者，则吾必在汶上矣[2]。"

[译文]

季氏让闵子骞做费邑的行政长官。闵子骞（对来的人）说："好好地帮我辞掉吧！如果再来找我，那我一定是在汶河以北（躲着）了。"

[注释]

1 闵子骞（qiān）：姓闵，名损，字子骞。孔子弟子。费：季氏的封邑，在今山东省费县西北。

2 在汶上："汶（wèn）"，今山东省的大汶河。鲁国在汶水以南，齐国在汶水以北。水北为阳，称某水上，一般都是指某水之北。闵子骞说他要去汶上，即是暗示他宁愿逃离鲁国，跑到汶水以北的齐国去，也不愿帮季氏做事。

[疏解]

出来做官无可厚非。而不出来做官必有其原则与风骨。

6.10 伯牛有疾[1]，子问之，自牖执其手[2]，曰[3]：

“亡之，命矣夫！斯人也而有斯疾也！斯人也而有斯疾也！”

［译文］

伯牛生了病，孔子去探望他，从窗户握着伯牛的手，说：“要失去他了，这是命吧！这样的人竟有了这样的病啊！这样的人竟有了这样的病啊！”

［注释］

1 伯牛：姓冉，名耕，字伯牛。《史记·仲尼弟子列传》说冉耕：“孔子以为有德行。”据说他患的是麻风病，为不治之症。

2 牖（yǒu）：窗户。

3 曰：钱穆《论语新解》：“此曰字不连上文，孔子既退，有此言。”此提示甚好。

［疏解］

有德的人却偏偏得不到上天的庇护。孔子深叹命运无常，悲不自胜，语不择辞。

6.11 子曰：“贤哉，回也！一箪食[1]，一瓢饮，在陋巷，人不堪其忧，回也不改其乐。贤哉，回也！”

[译文]

夫子说："贤德呀，颜回啊！一筒饭，一瓢水，住在陋巷里，别人受不了这种困苦忧愁，颜回却不改他快乐的心情。贤德呀，颜回啊！"

[注释]

1 箪（dān）：古时盛饭的竹器，圆形。

[疏解]

箪食瓢饮，乐在何处？不过仁者安仁而已。

6.12 冉求曰："非不说子之道[1]，力不足也。"子曰："力不足者，中道而废。今女画[2]。"

[译文]

冉求说："我并非不喜欢老师的主义，是力量不够啊。"夫子说："力量不够的话，是走到中途（力量用尽不得已）才放弃停止。可现在你是自己给自己画地为限（不愿前进）。"

[注释]

1 说：同"悦"，喜欢，爱慕。

2 画：画线为界，故步自封，裹足不前。

［疏解］

孔子不是批评冉求没有实现仁德的目标，而是批评他根本就没把仁德作为目标。

6.13 子谓子夏曰："女为君子儒，无为小人儒[1]。"

［译文］

夫子对子夏说："你要做君子式的儒者，不要做小人式的儒者。"

［注释］

1 君子儒：指祖述尧舜宪章文武的儒者。小人儒：以六艺为技能而谋生之儒。

［疏解］

君子儒，担当道义；小人儒，职业儒而已。

6.14 子游为武城宰[1]。子曰："女得人焉耳乎[2]？"曰："有澹台灭明者[3]，行不由径[4]，非公事，未尝至于偃之室也。”

［译文］

子游任武城宰。夫子说：“你在这儿得到什么人才了吗？”（子游）说：“有个名叫澹台灭明的人，走路从来不抄小道，不是为公事，从不到我言偃的居室来。”

［注释］

1 武城：鲁国城邑名。

2 焉耳：犹言“于此”，在这里。

3 澹（tán）台灭明：姓澹台，名灭明，字子羽，武城人。后来成为孔子的弟子。

4 径：小路，捷径。子游认为，走路不屑于抄小道，则为人做事也必不肯走邪路。

［疏解］

“行不由径”后来成了表示为人正直不走捷径、不走邪道的成语。

6.15 子曰：“孟之反不伐[1]，奔而殿[2]，将入门，策其马[3]，曰：‘非敢后也，马不进也。’”

［译文］

夫子说："孟之反不夸耀自己，鲁军败退时，他留在最后面御敌，将要进城门时，他鞭打了一下自己的马，说：'不是我勇敢而殿后，是马不肯快跑啊。'"

［注释］

1 孟之反：《左传》作"孟之侧"，《庄子》作"孟子反"。鲁国大夫。伐：夸耀功劳。

2 奔：败走。殿：殿后，即行军走在最后。鲁哀公十一年（公元前484年），齐国进攻鲁国，鲁迎战，季氏宰冉求所率领的右翼军队溃败。撤退时，孟之反留在最后做掩护。

3 策：鞭打。

［疏解］

有功不难，有功而不自夸为难。颜渊曰："愿无伐善，无施劳。"（5.26）即此谓也。

6.16 子曰："不有祝鮀之佞[1]，而有宋朝之美[2]，难乎免于今之世矣。"

［译文］

夫子说："如果没有祝鮀那样的伶牙俐齿，却有着宋朝那样的俊美容貌，是难以在当今之世免遭灾祸的。”

［注释］

1 祝鮀（tuó）：姓祝，名鮀，字子鱼，卫国大夫。擅长外交辞令，能言善辩。

2 而：却。宋朝：宋国的公子朝，貌美而多次闹出绯闻，与卫灵公夫人南子有染。

［疏解］

孔子不是在说人生需要巧言令色，而是在骂衰世只好伶牙俐齿。

6.17　子曰：“谁能出不由户？何莫由斯道也[1]？”

［译文］

夫子说：“谁能走出屋外而不经过屋门呢？为何没人走正道呢？”

［注释］

1 何莫：为什么没有。斯道：这条路，指孔子所指出的仁义之道。

［疏解］

这是孔子的叹息：天下无道久矣。

6.18　子曰："质胜文则野[1]，文胜质则史[2]。文质彬彬[3]，然后君子。"

［译文］

夫子说："内在的品质胜过外在的文采，就会过分朴拙；外在的文采胜过内在的品质，就会浮夸虚伪。文采与品质配合恰当，然后才能成为君子。"

［注释］

1 质：质地，内在的品质、才能等。文：文采，外在的装饰，礼节的修饰和约束。野：朴拙无文。

2 史：掌文书的史官。长期掌文书，则不免过于注重修饰文辞，而诚信不足。这里是指像"史"那样过分重视修饰。

3 彬彬：文质兼备，融和恰当。

［疏解］

君子有内在的充实，也当有外在的修饰。内心有仁德，行止有规矩。

6.19 子曰："人之生也直[1]，罔之生也幸而免[2]。"

［译文］

夫子说："人的生存依赖正直；不正直的人生存，是侥幸避免了祸患。"

［注释］

1 直：正直。

2 罔（wǎng）：指不正直的人。

［疏解］

正直而合乎正道，是生门。邪曲而走上邪道，是死门。在生门中生，是常态。在死门中不死，是侥幸。

6.20 子曰："知之者不如好之者[1]，好之者不如乐之者。"

［译文］

夫子说："（对事业和学问而言）掌握它的人，不如爱好它的人；爱好它的人，不如以它为乐的人。"

［注释］

1 好（hào）：喜爱。

［疏解］

为什么有人比我们做得好、学得好？因为他爱好这项事业或学问；为什么有人比爱好这项事业或学问的人还做得好、学得好？因为他从事业和学习中找到了快乐。

6.21　子曰："中人以上，可以语上也[1]；中人以下，不可以语上也。"

［译文］

夫子说："中人以上，可以告知他高深的道理和学问；中人以下，不可以和他们讲那些高深的道理和学问。"

［注释］

1 语：告诉。

［疏解］

中人以上、中人以下，主要是以追求、器量、眼界、胸襟论，非以天赋智商论。若以天赋智商论，则"柴也愚，参也鲁"（11.18），二人岂是中下之人！

6.22 樊迟问知，子曰：“务民之义[1]，敬鬼神而远之，可谓知矣。”问仁。曰：“仁者先难而后获，可谓仁矣。”

［译文］

樊迟问怎样才是智慧，夫子说：“致力于引导人民走向‘义’，尊敬鬼神，而又远离它不迷信，可以说是智慧了。”（樊迟又）问怎样才是“仁”，（孔子）说：“仁德的人，首先付出艰苦的努力，然后收获成果，可以说是仁了。”

［注释］

1 务：从事于，致力于，专力于。如我们常说的“务农”，即从事农业的意思。

［疏解］

“敬鬼神”，是为了敬一种价值，而“远之”，是因为不相信鬼神实有，不必也不能沉迷。不知敬畏神秘力量，是没有信仰；迷信鬼神实有，是缺少理性精神。既有信仰，又有理性，这就叫智慧。

6.23 子曰：“知者乐水[1]，仁者乐山[2]。知者动，仁者静。知者乐，仁者寿。”

［译文］

夫子说："智慧的人爱水，仁德的人爱山。智慧的人像水一样活跃，仁德的人像山一样沉静。智慧的人像水一样欢快，仁德的人像山一样长寿。"

［注释］

1 知者乐水：水流动而不板滞，随物赋形，无所不到，与智者对万物无所不知相似。"乐"，与下文"乐山"之"乐"，都读yào，意指心中所好。

2 仁者乐山：山巍然屹立而不动摇，生长万物，庇护万物，与仁者博爱众生相似。

［疏解］

孔子在说人的精神品格与自然的相通相近之处。

6.24 子曰："齐一变，至于鲁；鲁一变，至于道。"

［译文］

夫子说："把齐国变革一下，便达到鲁国的境界；把鲁国变革一下，就能达到先王之道了。"

［疏解］

儒家思想产生于齐鲁，故孔子对齐鲁情有独钟。虽然不满其现状，但仍然认为齐鲁是当时诸侯国中相对较有希望的。

6.25　**子曰：“觚不觚，觚哉？觚哉[1]？”**

［译文］

夫子说：“觚不像觚的样子，这是觚吗？这是觚吗？”

［注释］

1　“觚不觚”句：“觚（gū）”，古代酒具，容量为古制二升（或说三升），量不大，以戒人贪酒。大概孔子时，他见到的觚与古制的样式已有不同，让孔子联想到礼坏乐崩，“君不君，臣不臣，父不父，子不子”，所以他大为感慨而不满。

［疏解］

旧制不再，旧礼崩溃。

传统道德受到亵渎，孔子对着一个不像样子的觚，潸然泪下。

6.26　**宰我问曰：“仁者，虽告之曰：‘井有仁焉[1]。’**

其从之也？”子曰：“何为其然也？君子可逝也[2]，不可陷也；可欺也，不可罔也[3]。”

［译文］

宰我问道：“一个有仁德的人，即使告诉他：‘井里有仁呢！’他也会入井追随吗？”夫子说：“为什么会是那样的呢？君子可以有所追求，但不会因此陷溺；可以被欺骗，却不可能被愚弄。”

［注释］

1 “井有仁”句，历来费解。有释“仁”为“人”。进而有释为“仁者”，则全句意为“井里掉进一个仁德的人”，这种解释不像话：难道井里掉进一个有仁德的人，仁者才去救；掉进去的若不是一个有仁德的人，或者在没有弄清他是不是仁德的人之前，仁者就不去救吗？

钱穆《论语新解》：“或本仁下有者字。或说：此仁字当作人。又一说：仁者志在救人，今有一救人机会在井中，即井有仁也。不言人而人可知。又分别井中之人为仁人或恶人，则大可不必。”备考。

其实，这一句可以直译为“如若仁道在井，则君子也入井以追随吗？”这样似乎更直接，意蕴也好。译文从之。

2 逝：赶去。

3 罔：诬罔，愚弄。

［疏解］

宰我之问，意为：求仁而可使自己陷于危险吗？孔子之答，意为：仁者必有智，必有良知照彻，而不会被罔陷。

6.27 子曰："君子博学于文，约之以礼，亦可以弗畔矣夫[1]！"

［译文］

夫子说："君子广泛地学习文献，用礼来约束自己，也就可以不至于背离正道了吧！"

［注释］

1 畔：同"叛"，背离，违背，背叛。

［疏解］

这一则的关键词是"博"和"约"。博学不易，博学之后能收束检点，收拾得住，更是难得。

6.28 子见南子[1]，子路不说[2]。夫子矢之曰[3]："予所否者[4]，天厌之，天厌之！"

［译文］

夫子见了南子，子路很不高兴。夫子发誓说：“假如我做的是不正当的事，上天厌弃我，上天厌弃我！”

［注释］

1 南子：卫灵公夫人，行为淫乱，名声不好。她派人召见孔子，孔子虽不愿见她，但因依礼当见，只好去见了南子。

2 说：同“悦”。

3 矢：通“誓”。

4 予所否者：“予”，我。“所……者”，相当于“假如……的话”，“否”，不对，不正当。

［疏解］

子路正直可爱，孔子敦厚可亲。

6.29 子曰：“中庸之为德也[1]，其至矣乎！民鲜久矣[2]。”

［译文］

夫子说：“中庸作为一种道德，是最高尚了！人民缺少它已经很久了。”

[注释]

1 中庸："中"，折中，调和，无过无不及，不偏不倚；"庸"，平常，普通，常规常理。

2 《中庸》此句作"民鲜能久矣"，当据改。"鲜能"有"想而不能，欲而不得"意，与上句"其至矣乎"之至难至高境界难以企及一脉相连。

[疏解]

做事折中调和不偏激，做人平常普通有常识，做事不偏激，察物有常识，是何等气质！

6.30 子贡曰："如有博施于民而能济众，何如？可谓仁乎？"子曰："何事于仁！必也圣乎！尧舜其犹病诸[1]！夫仁者，己欲立而立人，己欲达而达人。能近取譬[2]，可谓仁之方也已。"

[译文]

子贡说："如果有一个人广泛地给人民施舍，而能周济大众，怎么样呢？可以说是行仁吗？"夫子说："这哪里是行仁的事呢！这是圣人有位之人才能做的事啊。尧、舜也对你说的这些感到为难吧。行仁嘛，自己想要有所建树的，就也帮助别人建树；自己想要通达的，也去帮助别人通达。能从身边切近的事务中发现仁道，实行仁道，可以说是实行仁的方法啊。”

［注释］

1 病：忧虑，犯难，感到为难。

2 能近取譬：“近”，指身边切近的事实。“譬”，此指浅显的事例中包含的深刻道理。

［疏解］

行仁，首先还不是能力问题，而是心愿问题。要行仁，无须好高骛远，从身边做起，从小事做起，就是实行仁道的途径。

述而篇第七

7.1　子曰："述而不作[1]，信而好古[2]，窃比于我老彭[3]。"

［译文］

夫子说："传述而不自作，尊信并喜爱古代，我把自己比作我的老彭。"

［注释］

1 述：传述，阐述。作：独创，自作，妄作。

2 信：一般译为"相信"，疑不确，我译为"尊信"，即以"尊从而诚信"的态度对待古代文化，客观公正，秉笔实录，不因个人的好恶而增删。

3 窃：私下，私自。老彭：指彭祖，"老彭"前加

“我”，表示孔子对“老彭”的尊敬与亲近，如同说“我的老彭”。一说，“老彭”指老子和彭祖两个人。

［疏解］

这两句话还可以交叉理解：因信而述，好古不作。

柳诒徵《中国文化史·孔子》：“孔子者，中国文化之中心也。无孔子则无中国文化。自孔子以前数千年之文化，赖孔子而传；自孔子以后数千年之文化，赖孔子而开。”

7.2 子曰：“默而识之[1]，学而不厌[2]，诲人不倦，何有于我哉[3]？”

［译文］

夫子说：“默默地记住所见、所闻、所学的知识，学习而永不满足，教导别人而不知倦怠，（这三方面）对我有什么困难呢？”

［注释］

1 识（zhì）：牢记，记住。

2 厌：通“餍”。本义是饱食。引申为满足，厌烦。

3 一般译者，先认定这是孔子谦虚之词。所以，都译为“这几条我做到了哪些呢？”但《论语》中的“何有”，都是“不难”之词，如6.8中连续三个“何有”都是“不难”之意，且7.34中孔子明确说自己做到了“为之不厌，诲人不倦”，所以，我还是把它译如上。事实上，孔子在道德修养的境界及学习所得的成果上，确是谦虚的；但他对自己学习的态度，刻苦的程度及为师的敬业上，倒是客观的，并不刻意自谦的。

［疏解］

“默而识之”，是指对知识的默记；“学而不厌”，是说学习的态度与毅力；“诲人不倦”，是讲为师之道。

7.3　子曰：“德之不修，学之不讲，闻义不能徙[1]，不善不能改，是吾忧也。”

［译文］

夫子说：“品德没有修养好，学问没有讲习透，听到义不能跟从，缺点错误不能改正，这些都是（或译才是）我所忧虑的啊！”

［注释］

1 徙（xǐ）：本义是迁移。这里指改变自己而跟从之。

[疏解]

《论语》无“苦”字，却有15个“忧”字。盖“苦”，是对生活的被动承受与感受，而“忧”，则往往是主动承揽与担当：于是，你是什么，你便忧什么；你忧什么，最终决定你会成为什么。

7.4 子之燕居[1]，申申如也[2]，夭夭如也[3]。

[译文]

夫子在家闲居，齐整而安详，和悦而愉快。

[注释]

1 燕居：闲暇无事的安居。

2 申申：齐整安详的样子。如也：像是……的样子。

3 夭夭：和悦愉快的样子。

[疏解]

孔子心中有天下事，孔子心中又无纤芥事。

上一章讲孔子一丝不苟，这一章讲孔子心无挂碍。

7.5 子曰：“甚矣！吾衰也！久矣！吾不复梦见周公[1]！”

［译文］

夫子说："太糟了！我老了！好久了！我没再梦见周公！"

［注释］

1 周公：姓姬，名旦。周文王（姬昌）的儿子，周武王（姬发）的弟弟，周成王（姬诵）的叔叔，西周王朝礼乐的制定者，鲁国的始祖。

［疏解］

终生心中有周公，我们于此见孔子之志；衰而叹不梦周公，我们于此见孔子之叹。

7.6　子曰："志于道，据于德[1]，依于仁，游于艺[2]。"

［译文］

夫子说："托志于道，安命于德，寓心于仁，游身于艺。"

［注释］

1 据：立身的依据。

2 游：在玩习中陶冶的意思。艺：六艺。指礼（礼节），乐（音乐），射（射箭），御（驾车），书（听说读写），数（算术）。孔子用这六个方面的知识技艺来培养教授学生。

［疏解］

中国人安身立命之生命依据，既不在神仙，也不在皇帝，更不在权势财富，而在自家的道、德、仁、艺。道、德、仁、艺，不仅给我们形上的寄托，还给我们形下的安顿。

读这样的话，第一要从有字处读，知道我们的人生依据是什么。

第二要从无字处读，知道我们的人生依据不是什么。

7.7 子曰："自行束脩以上[1]，吾未尝无诲焉[2]。"

［译文］

夫子说："自己主动送来贽礼，就比如这十条干肉以上的，我从来没有不教诲的。"

［注释］

1 自行：自己主动去做。脩（xiū）：干肉。束脩：捆在一起的一束干肉。每束十条。古代人们常用来作为见面的薄礼。以上：自此而上。

2 未尝：未曾，从来没有。

［疏解］

孔子可能当时正好看到有人带来一束干肉，指以为例说明自己对诚心求学者不吝教诲。

束脩后来成为学生拜见老师所带薄礼的专有名词。

7.8 子曰："不愤不启[1]，不悱不发[2]。举一隅不以三隅反[3]，则不复也。"

［译文］

夫子说："不到他苦思冥想而仍领会不了的时候，不去开导他；不到他内心有所表达而又不会表述的时候，不去启发他。（如同案几）告诉他一个角，他不能因此推知另外三个角，便不去教他了。"

［注释］

1 愤：苦思冥想而不得的样子。

2 悱（fěi）：急于表达而说不出的样子。

3 隅（yú）：角落，角。举一反三，比喻从已知的一点，去推知更多的知识。

［疏解］

古希腊哲学家柏拉图有一个著名的"催生婆"理论：老师不是把知识由外向内向学生灌输，而只是启发学生，让他们把自己内心中已发生的感知和认知表达出来。这就如一个催生婆，孩子是产妇肚里有的，而不是催生婆的。催生婆的职责是把产妇肚子中已有的孩子催生出来。

7.9 子食于有丧者之侧，未尝饱也。

［译文］

夫子在有丧事的人旁边吃饭，未曾吃饱过。

［疏解］

此章与下一章（7.10）可见孔子的慈悲之心。

7.10 子于是日哭[1]，则不歌。

［译文］

夫子在这一天吊丧哭泣过，就不再唱歌了。

［注释］

1 哭：吊丧。

［疏解］

这种行为，是出自孔子内心的慈悲，也是一种礼节。

7.11 子谓颜渊曰："用之则行，舍之则藏[1]，唯我与尔有是夫！"子路曰："子行三军[2]，则谁与[3]？"子曰："暴虎冯河[4]，死而无悔者，吾不与也。必也临事而惧，好谋而成者也。"

［译文］

夫子对颜渊说："用我，则行道于世；不用我，则藏道于身。只有我和你能够做到这样吧！"子路说："老师您如果统率三军（去作战），那么，您要谁去帮您呢？"夫子说："赤手空拳打老虎，没有船只蹚过河，死了都不知后悔的莽撞人，我不和他在一起。（我要他帮忙的人）必须是遇事知道害怕而谨慎，善于谋划而最后把事情做成的人。"

［注释］

1 舍：不用，舍弃。

2 行：古代"行"字语义丰富，用法很活。这里犹言指挥，统率。

3 与：在一起，共事。

4 暴虎冯河：徒手搏虎叫"暴虎"，徒步过河叫冯（píng）河。比喻那种有勇无谋，冒险行事，而往往导致失败的人。

［疏解］

朱熹说："若他人，用之则无可行，舍之则无可藏。唯孔子与颜渊，先有此事业在己分内，若用之，则见成将出来行；舍之，则藏了。它人岂有是哉！"（《朱子语类》卷三十四，《论语》十六·述而篇，第873页）

此章，孔子用"用行舍藏"夸颜渊；用"临事而惧"望子路，皆用心拳拳，师爱昭昭也。

7.12　子曰："富而可求也，虽执鞭之士[1]，吾亦为之。如不可求，从吾所好。"

［译文］

夫子说："财富如果是可以求得的，就是一名手拿皮鞭的市场守门卒，我也当了。如果不可求，我还是做我所爱好的事。"

［注释］

1　执鞭之士：当时有两种人拿皮鞭：一种是市场的守门人，执鞭以维持秩序；一种是为天子、诸侯外出时执鞭开路，让行人让道的差役。孔子这里讲的是求财，应为市场守门人。

[疏解]

“可求”与“不可求”，不是从能力上着眼，而是从职责使命上着眼。

7.13 子之所慎，齐[1]，战[2]，疾[3]。

[译文]

夫子小心谨慎对待的事情是：斋戒，战争，疾病。

[注释]

1 齐：同“斋”。古代在祭祀之前，必要有一番身心清洁的工夫，比如不喝酒，不吃荤，不与妻妾同房，沐浴净身，等等。

2 战：战争。

3 疾：疾病。

[疏解]

斋，是对神灵的敬畏；战，是对生灵的敬畏；疾，是对自己生命的敬畏。

7.14 子在齐，闻《韶》，三月不知肉味，曰：“不图为乐之至于斯也。”

[译文]

夫子在齐国听到《韶》乐，陶醉得三个月都吃不出肉的滋味，说："没想到欣赏音乐竟然能达到这么迷人的境界。"

[疏解]

一个人是否懂艺术，一个重要的指标，是看他是否能被艺术感动、陶醉。

7.15 冉有曰："夫子为卫君乎[1]？"

子贡曰："诺[2]，我将问之。"

入，曰："伯夷、叔齐何人也？"

曰："古之贤人也。"

曰："怨乎？"

曰："求仁而得仁，又何怨？"

出，曰："夫子不为也。"

[译文]

冉有问道："夫子赞成卫君吗？"

子贡说："嗯，我去问问他。"

（子贡）进屋去，问（孔子）："伯夷、叔齐是什么样的人呢？"

（夫子）说："古代的贤人啊。"

（子贡）问：“（他们）有怨恨吗？”

（夫子）说：“他们追求仁德而得到了仁德，还有什么怨恨呢？”

（子贡）走出屋来，（对冉有）说：“老师不赞成［卫君］。”

［注释］

1 为：赞成，帮助。卫君：指卫灵公的孙子卫出公，姓蒯（kuǎi），名辄（zhé）。他的父亲蒯聩，是灵公所立的世子，谋杀卫灵公的夫人南子未成，被灵公驱逐，逃到了晋国。卫灵公死后，蒯辄被立为国君。这时，晋国的赵简子率军又把蒯聩送回卫国，形成父亲同儿子争夺王位的局面。

2 诺：应答声。

［疏解］

孔子赞扬伯夷、叔齐的“礼让为国”，自然就不赞成蒯聩、蒯辄父子争位了。

7.16 子曰：“饭疏食[1]，饮水，曲肱而枕之，乐亦在其中矣。不义而富且贵，于我如浮云。”

［译文］

夫子说：“吃粗粮，喝冷水，弯起胳膊当枕头，乐趣就在其中了。用不义的手段得到的富与贵，对于我如同浮云。”

［注释］

1 饭：作动词，吃。

［疏解］

真正幸福的生活都是简单、单纯的。物质的简朴正好减轻了精神的负担，使之轻松自如。

这一段说得极高尚而极优美，极感性而极哲学。

7.17 子曰：“加我数年[1]，五十以学，亦可以无大过矣[2]。”

［译文］

夫子说：“再增加我几年寿命，学到五十岁，也就可以没有大的错误了。”

［注释］

1 加：增添，增加。

2 钱穆《论语新解》此则下：“此亦字古文《论语》作易，指《周易》，连上句读。然何以读易始可无过，又何必五十始学易。孔子常以诗书礼乐教，何以独不以易教，此等皆当另作详解。今从《鲁论》作亦。”当从。

［疏解］

夫子所谓“无大过”者，价值判断无大过也。

7.18 **子所雅言[1]：《诗》、《书》、执礼，皆雅言也。**

［译文］

夫子所讲雅言的地方：读《诗》，读《尚书》，主持礼仪时，都用雅言。

［注释］

1 雅言：相对于方言而言，如同今日的普通话。西周的政治中心在今陕西地区，该地区的语音即为西周官方语言，叫“雅言”。平时讲话，孔子用的可能是鲁国的地方方言，但在诵《诗》《书》和行礼（主持仪礼，当司仪）时，则用“雅言”。

［疏解］

孔子鲁人，日常说话当是鲁方言，但读经讲经，或在正规场合，必用雅言，这是对文化的尊重，是为人的庄重，也是对政治权威的认同：天下一家的理想，就在这雅言之中。

7.19 叶公问孔子于子路[1]，子路不对[2]。子曰："女奚不曰[3]：其为人也，发愤忘食，乐以忘忧，不知老之将至云尔[4]。"

［译文］

叶公向子路问孔子是什么样的人。子路不回答。夫子说："你为什么不说：他的为人啊：发愤忘食，乐以忘忧，不知老之将至，如此而已。"

［注释］

1 叶（古音shè）公：姓沈，名诸梁，字子高，楚国大夫。他的封邑在叶城（今河南省叶县南三十里有古叶城），故称叶公。

2 不对：不回答。"对"，是应答之意。

3 奚：何，为什么。

4 云尔：如此而已，罢了。

［疏解］

这是孔子对自己的描述。从中可见孔子的艺术人格。

7.20 子曰："我非生而知之者，好古，敏以求之者也。"

[译文]

夫子说："我不是生下来就懂得知识的人，而是爱好古代文化，勤奋地追求知识的人。"

[疏解]

孔子告诉我们他为什么有那么多的知识：

一，好学；二，勤学。

如此而已。岂有他哉？

7.21 子不语怪、力、乱、神。

[译文]

夫子不谈论怪异、勇力、悖乱、神奇之事。

[疏解]

一切非常态的东西，孔子都不谈。孔子只要我们懂常识。

一切太玄妙、太神秘、缺乏根据的东西，孔子也不谈。孔子要我们有理性。

7.22 子曰："三人行，必有我师焉。择其善者而从之，其不善者而改之。"

［译文］

夫子说："三个人在一起走路，其中必定有可以为我师法的人。选择其中比我强的人而跟他学习；其中比我差的人就（反省自己是否有类似的毛病）加以改正。"

［疏解］

见4.17。

7.23 子曰："天生德于予，桓魋其如予何[1]？"

［译文］

夫子说："天在我身上生了仁德，桓魋能把我怎么样？"

［注释］

1 桓魋（tuí）：宋国的司马（主管军事行政的长官）。本名向魋，因是宋桓公的后裔，又称桓魋。公元前492年，孔子周游列国，从卫国去陈国时，经过宋国，桓魋率兵来阻拦。当时，孔子正在大树下同弟子们演习周礼，桓魋砍掉大树，扬言要杀孔子。孔子离开时，弟子们催促他快些走，他

在途中说了这番话。（见《史记·孔子世家》）

［**疏解**］

知者不惑，仁者不忧，勇者不惧。

身负天命者，自有天相。躬行天命者，自有天佑。

7.24 子曰："二三子以我为隐乎？吾无隐乎尔。吾无行而不与二三子者，是丘也。"

［**译文**］

夫子说："诸位以为我有什么隐瞒吗？我没有什么隐瞒啊。我没有什么行为不是同你们在一起的，那就是我呀！"

［**疏解**］

圣人一举一动，莫非示范于人，聪明人自可从中领会，此即"身教"。

7.25 子以四教：文、行、忠、信。

［**译文**］

孔子从四个方面教育学生：历史文献的学习、自身行为的示范、对人的忠诚、做人的信义。

［疏解］

孔子教育学生，既有文献的学习，更有自身的行为示范，以及在自己日常行为中处处体现出来的忠诚与信义。

7.26 子曰："圣人，吾不得而见之矣；得见君子者斯可矣[1]。"子曰："善人，吾不得而见之矣，得见有恒者[2]斯可矣。亡而为有，虚而为盈，约而为泰[3]，难乎有恒矣。"

［译文］

夫子说："圣人，我不能见到了，能看到君子就可以了。"夫子说："善人，我不能见到了，能看到有节操的人，就可以了。没有却装有，虚亏装充实，穷困装奢华，这样的人，难以保持节操了。"

［注释］

1 斯：就，乃，则。

2 恒：此指固定不变的操守。

3 亡：同"无"。盈：丰满，充实。约：穷困。泰：《玉篇》：泰，侈也。

［疏解］

世间总是君子少而小人多，俗人众而廉士寡。所以，曲子高了和者寡，境界高了同道少。大德之人，必大孤独。

7.27 子钓而不纲[1]，弋不射宿[2]。

［译文］

夫子只用竹竿钓鱼，而不用网捕鱼；只射飞着的鸟，不射夜宿的鸟。

［注释］

1 纲：本意是提网的长绳，这里指用网捕鱼。

2 弋（yì）：用带绳的箭射鸟，叫“弋”。宿：指夜宿的鸟。

［疏解］

人类为自己的生存，不可能不杀生。

但人类有灵魂，有爱心，杀生要有其道，要有节制、有规则。尤其不能在滥杀、虐杀中培育恶的种子。

7.28 子曰：“盖有不知而作之者[1]，我无是也。多闻，择其善者而从之。多见而识之，知之次也[2]。”

［译文］

夫子说："有一种自己还没搞明白就创作学说的人，我没有这种毛病。（什么叫知呢？）多听，选择其中好的去跟随（这是最高的知）。多看并记在心里，这是次一等的知了。"

［注释］

1 作："述而不作"之"作"，"述而不作"，是既已知之尚且不作，何论"不知而作"。

2 知之次也：次一等的知。

［疏解］

多闻择善，因有判断抉择，故是上一等的知；多见而识，因囫囵吞枣细大不捐，是次一等的知。

次一等不是不需要，也不是不重要，是相比较之下，有轻重缓急。

7.29 互乡难与言[1]。童子见，门人惑。子曰："与其进也[2]，不与其退也，唯何甚？人洁己以进，与其洁也，不保其往也[3]。"

［译文］

互乡这个地方的人很难与他们讲道理。一个童子却受到孔子的接见，弟子们都疑惑不解。夫子说："我们要赞许他的进步，不赞成他的后退，何必做得太过分？人家清洁自己以求进步，就要赞许他的清洁，而不要老盯着他以往的行为。"

［注释］

1 互乡：地名。现在已不可确知是什么地方。

2 与：赞许，赞成，肯定。下同。

3 保：守。引申为追究，纠缠，盯着。

［疏解］

肯定并鼓励人现在的进步，不纠缠人过去的错误，这是圣人胸怀的一种表现。

7.30　子曰："仁远乎哉？我欲仁，斯仁至矣。"

［译文］

夫子说："仁离我们远吗？我想要仁，仁就来了。"

［疏解］

行善就是一念之间的事。

7.31　陈司败问[1]："昭公知礼乎？"孔子曰："知

礼。”

孔子退。揖巫马期而进之[2]，曰：“吾闻君子不党，君子亦党乎？君取于吴[3]，为同姓，谓之吴孟子[4]。君而知礼，孰不知礼？”

巫马期以告。子曰：“丘也幸，苟有过，人必知之。”

［译文］

陈司败问孔子：“鲁昭公知礼吗？”孔子说：“知礼。”

孔子走了。（陈司败）向巫马期作了个揖，让他走到跟前，说：“我听说君子是不偏袒别人的，难道君子也偏袒别人吗？鲁君从吴国娶了夫人，是同姓，为了遮丑，不敢叫她真姓名，只好称她为‘吴孟子’。鲁君如果知礼，谁不知礼呢？”

巫马期把这些话告诉孔子。夫子说：“我真幸运，假如有过错，人家一定会知道。”

［注释］

1 陈司败：“司败”，一说是官名，一说是人名。

2 揖：拱手行礼，作揖。巫马期：孔子弟子，姓巫马，名施，字子期。

3 取：同“娶”。

4 吴孟子：鲁昭公夫人。春秋时，国君夫人的称号，一般是用她出生的国名加上她的姓。吴孟子姓姬，便应称“吴姬”。但是，吴国与鲁国都是姬姓（吴国是周文王的伯父太伯的后代，鲁国是周文王的儿子周公姬旦的后代），按照周礼的规定，同姓是不能通婚的。为了掩人耳目，鲁昭公不称她为“吴姬”，而称“吴孟子”（“孟子”可能是昭公夫人的字，见《左传·哀公十二年》）。所以陈司败批评指责他“君而知礼，孰不知礼”。

［疏解］

孔子为何说鲁昭公知礼？

在对别国的官员谈到自己国家已故国君的不足时，适当遮掩和维护，本来就是礼的一部分；在面对自己恩人（鲁昭公曾两次帮助孔子）的缺点被人指责时，有出于感恩的掩饰和保护；在面对一个人无损于他人的缺点和失礼时，有出于宽容的遮掩和爱护。

7.32　子与人歌而善[1]，必使反之[2]，而后和之[3]。

［译文］

夫子同别人一起唱歌，（如果）认为别人唱得好，就一定让他再唱一遍，然后自己唱和他。

［注释］

1 善：动词，“认为……好”。

2 反：反复，再一次。

3 和（hè）：跟随着唱，应和，唱和。

［疏解］

这一则不仅见出孔子喜爱音乐，还见出他为人随和、乐闻人善、好学善学。

7.33 子曰：“文，莫吾犹人也[1]。躬行君子，则吾未之有得。”

［译文］

夫子说：“在文化知识方面，大概我和别人差不多。在实践中做一个君子，那我还没有做到。”

［注释］

1 莫：推测之词。大概，或者，也许。

［疏解］

孔子谦虚之词。

7.34 子曰："若圣与仁，则吾岂敢？抑为之不厌，诲人不倦，则可谓云尔已矣[1]。"

公西华曰："正唯弟子不能学也。"

［译文］

夫子说："讲到'圣'与'仁'，那我怎么敢当？只不过努力修养而不厌倦，教育别人而不疲倦，仅可以这样说罢了。"

公西华说："这正是弟子不能学到的啊。"

［注释］

1 云尔：这样，如此。

［疏解］

公西华知道，他们这些学生比不上老师的，正是这种精神，正是这种态度。圣人，亦是磨砺以成，切磋琢磨，终身不怠。

7.35 子疾病[1]，子路请祷。子曰："有诸？"子路对曰："有之。诔曰[2]：'祷尔于上下神祇[3]。'"子曰："丘之祷久矣。"

［译文］

夫子病重，子路请求为他祈祷。夫子说："有这种做法吗？"子路回答说："有的。《诔》文上说：'为您向天地上下的神灵祈祷。'"夫子说："哦！我的祈祷已经持续很久了。"

［注释］

1 疾病：病重，重病。

2 诔（lěi）：当作"讄"，古代为生者向鬼神祈福的祷文。诔，乃是哀悼死者的。

3 神祇（qí）：古代称天神为"神"，地神为"祇"。

［疏解］

敬于事，忠于人，即是祷于神祇。

7.36　子曰："奢则不孙[1]，俭则固[2]。与其不孙也，宁固。"

［译文］

夫子说："奢侈就会显摆，节俭又显得寒碜。与其显摆，宁可寒碜。"

[**注释**]

1 孙：同“逊”。不孙，不谦恭，不含蓄，犹言显摆。

2 固：固陋，寒酸，寒碜。

[**疏解**]

寒碜只损害自己的形象，且贫而不逮者时时而有。

显摆则伤害别人的感情，且富而骄狂者往往如此。

7.37 子曰：“君子坦荡荡，小人长戚戚。”

[**译文**]

夫子说：“君子坦荡心胸宽广，小人局促常在忧愁。”

[**疏解**]

君子心底无私天地宽。

小人机心太多世界窄。

7.38 子温而厉，威而不猛，恭而安。

[**译文**]

夫子温和又严肃，威严而不凶狠，恭谨又安详。

[疏解]

《论语》中不少章节都谈到了孔子的气质，这一章也是。

泰伯篇第八

8.1 子曰："泰伯，其可谓至德也已矣。三以天下让[1]，民无得而称焉。"

［译文］

夫子说："泰伯，他可以称得上是最高品德的人了，三次以天下相让，人民简直不知该怎样称赞他。"

［注释］

1 泰伯：周朝祖先古公亶（dǎn）父有三个儿子：长子泰伯（又称"太伯"），次子仲雍，三子季历（即周文王姬昌的父亲）。传说古公亶父见孙子姬昌德才兼备，日后可成大业，便想把王位传给三子季历，以便季历将来再传给姬昌。

泰伯体察到了父亲的意愿，就主动把王位的继承权让给三弟季历。而季历则认为，按照惯例，王位应当由长兄继承，自己也不愿接受。于是，便有了泰伯“三让”的事。第一次让，泰伯离开国都，避而出走。第二次让，在父亲古公亶父去世时，泰伯故意不返回奔丧，以避免被众臣拥立接受王位。第三次让，古公亶父发丧之后，众臣议立新国君，泰伯在荆蛮地区断发文身，表示永不返回。这样，他的三弟季历只好继承王位。

［疏解］

泰伯让出王位，然后才有了文王、武王，才有了彬彬之盛的周王朝，人民才得以摆脱商纣王的暴政。这不是“至德”吗？

8.2　子曰：“恭而无礼则劳，慎而无礼则葸[1]，勇而无礼则乱，直而无礼则绞[2]。君子笃于亲[3]，则民兴于仁；故旧不遗，则民不偷[4]。”

［译文］

夫子说：“态度恭敬而没有礼来限定就会劳倦；行为谨慎而没有礼作规范就会退缩；刚强勇猛而没有礼来约束就会作乱；直率坦诚而没有礼来节制就会说话尖刻。君子如果厚待亲族，老百姓就会按仁德来行动；君子如果不忘故旧，老百姓的人情就不会淡薄。”

[**注释**]

1 葸（xǐ）：拘谨，胆怯，退缩。

2 绞：说话尖刻。

3 笃（dǔ）：诚实，厚待。

4 偷：淡漠。

[**疏解**]

“礼”不可或缺。

8.3 曾子有疾[1]，召门弟子曰：“启予足[2]！启予手！《诗》云：‘战战兢兢，如临深渊，如履薄冰[3]。’而今而后，吾知免夫！小子[4]！”

[**译文**]

曾子病了，召集他的弟子们，说：“看看我的脚！看看我的手！（它们都是好好的！）《诗》中说：‘战战兢兢，如临深渊，如履薄冰。’从今以后，我知道（这一保护身体不受毁伤的漫长过程可以结束了），我可以免于担惊受怕了。小子们！”

［注释］

1 曾子：曾参，孔子弟子。《论语》成书时，后世门生记其言行，尊称其为“子”。康有为认为《论语》多为曾子门徒所辑。

2 启：指掀开被子看看手和足。《孝经》认为，人的身体包括皮肤、头发，都是从父母那里得来的，应保护好不使其受伤，这是孝的基础。所以，曾子死之前，让他的弟子们看看他的手，看看他的足，以证明完好无损，显示他的孝心。

3 “战战兢兢”句：引自《诗经·小雅·小旻（mín）》篇。曾参借用这句话，表明自己一生为了显示孝道，处处小心谨慎，避免身体受损伤。

4 小子：弟子们。

［疏解］

《孝经·开宗明义第一》记孔子的话：“身体发肤，受之父母，不敢毁伤，孝之始也。立身行道，扬名于后世，以显父母，孝之终也。夫孝，始于事亲，中于事君，终于立身。”

8.4　曾子有疾，孟敬子问之[1]。曾子言曰：“鸟之将死，其鸣也哀[2]；人之将死，其言也善。君子所贵乎道者三：动容貌，斯远暴慢矣；正颜色，斯近信矣；出辞气[3]，斯远鄙倍矣[4]。笾豆之事[5]，则有司存[6]。”

［译文］

曾子病了，孟敬子去探望他。曾子说："鸟之将死，其鸣也哀；人之将死，其言也善。君子所重视的道德有三方面：端肃容貌，就可以远离粗暴无礼了；端正脸色，就易于被人信任了；和顺言辞和口气，就可以避免粗野和悖理了。至于礼仪的程序和操作，自有有关人员去办。"

［注释］

1 孟敬子：姓仲孙，名捷，鲁国大夫。问：看望，探视。

2 也：句中语气助词，舒缓语气。

3 动，正：都是动词，根据上下文，我们分别译为端肃（动用），端正（动用）。出辞气：指言辞得体，口气和顺，古代汉语动词用法很活，应根据上下文来全面理解。

4 鄙：粗野。倍：同"背"，悖，指背离、悖情。

5 笾豆之事："笾"（biān），古代一种竹制的礼器。"豆"，古代一种盛食物的器皿，都是古代祭祀和典礼中的用具。笾豆之事，就是指祭祀或礼仪方面的具体事务。

6 有司：有关人员，专职人员。存：在。

［疏解］

君子的要务，在于提升内在修养而不是局限于礼仪之细节。

8.5 曾子曰："以能问于不能，以多问于寡。有若无，实若虚，犯而不校[1]，昔者吾友尝从事于斯矣。"

［译文］

曾子说："以自己的多能向才能不足的人请教，以自己的多知向知识不多的人询问。有学问却好像没有，很充实却好像空虚；被人冒犯也不计较，从前我的朋友做过这样的事情。"

［注释］

1 校（jiào）：计较。

［疏解］

这个"吾友"——曾子的朋友是谁？历来注家都认为是指颜渊。

8.6 曾子曰："可以托六尺之孤[1]，可以寄百里之命[2]，临大节而不可夺也[3]。君子人与[4]？君子人也！"

［译文］

曾子说："可以把年幼孤儿托付给他，可以把国家命运委托给他，面临安危存亡的紧要关头而志向不变。这是君子一类的人吗？正是君子一类人啊！"

［注释］

1 六尺之孤：孩子死去父亲，叫“孤”，曾子是指尚未成年而登基即位的年幼君主。古代的“尺”短，西汉一尺是23.1厘米，身长“六尺”，合现在138.6厘米，约当15岁的孩子。

2 寄百里之命：“寄”，寄托，委托。“百里”，指方圆百里的一个诸侯国。“命”，指国家的政权和命运。

3 夺：改变。

4 与：同“欤”，语气词。

［疏解］

曾子入世极深，道德极高。

8.7 曾子曰：“士不可以不弘毅[1]，任重而道远。仁以为己任，不亦重乎？死而后已，不亦远乎？”

［译文］

曾子说：“士不可以不心胸广阔、意志坚定，（因为他们）责任重大，道路遥远。把实现‘仁’看作自己的任务，这不是责任重大吗？承此重任到死才放下，这不是路途遥远吗？”

［注释］

1 弘毅：“弘”，广大，开阔。“毅”，坚强，果断，刚毅。

［疏解］

这是中国从古至今对知识分子自身责任与随之而来的自身价值的最高体认。

8.8 子曰："兴于《诗》[1]，立于礼[2]，成于乐[3]。"

［译文］

夫子说："在《诗经》中觉醒（人生），在礼制中建立（人生），在音乐中完成（人生）。"

［注释］

1 兴：兴起，开始，有"醒来"之意。《诗经·卫风·氓》："夙兴夜寐。"

2 立：建立。

3 成：完成，达到。

［疏解］

《诗》、礼、乐是终生不可须臾离之的生命滋养。

8.9 子曰："民可使由之，不可使知之。"

［译文］

夫子说："百姓，可以让他们听从指引而行事，却没办法做到让他们都明白为什么要这样。"

［疏解］

"不可使知之"是一个事实，是孔子的叹息，而不是孔子的主张。

是主张"有教无类"并终生"诲人不倦"，深知开启民智之难的孔子的一声叹息。

8.10　子曰："好勇疾贫[1]，乱也。人而不仁[2]，疾之已甚[3]，乱也。"

［译文］

夫子说："好勇而恨贫穷，就容易作乱。他人不仁，如果我们恨得太过分，也会引发祸乱。"

［注释］

1 疾：厌恶，憎恨。

2 人而不仁：这是一个主谓结构，不是一个独立的句子。"人"是主，"不仁"是谓，译如上。

3 已甚：太过分。

［疏解］

极端痛恨不仁的人惹出的灾难，往往大于不仁的人给世界带来的灾难。

8.11 子曰：“如有周公之才之美，使骄且吝，其余不足观也已。”

［译文］

夫子说：“（一个人）假如有周公那样的才能和天赋，只要骄傲并且吝啬，别的也就不值得一看了。”

［疏解］

骄，以气凌辱人。吝，以财刻薄人。

人而骄、吝，其他可知。

8.12 子曰：“三年学，不至于谷[1]，不易得也。”

［译文］

夫子说：“学三年，心意不转到要官做、求俸禄上去，是难得的啊。”

［注释］

1 谷：谷子，小米。古代官吏以谷子来计算俸禄，这里以“谷”代指做官及其俸禄。

［疏解］

参见5.6疏。

8.13　子曰：“笃信，好学，守死，善道[1]。危邦不入，乱邦不居。天下有道则见[2]，无道则隐。邦有道，贫且贱焉，耻也；邦无道，富且贵焉，耻也。”

［译文］

夫子说：“坚定信正道，努力学正道，宁死而自守，依道而自善。危险的国家不进入；混乱的国家不居住。天下有道，就现身行道；天下无道，就隐身守道。国家有道，而自己贫贱，是耻辱；国家无道，而自己富贵，也是耻辱。”

［注释］

1 守死：守之以死，以死守之。善道：善，动词，有修缮意，维护；有以道自善的意思。

2 见：同“现”。出现，出来。

[疏解]

“笃信好学，守死善道”，是讲一个人的“体”，“危邦不入”以下，是讲一个人的“用”。

邦有道，中我之用，而我亦以中用之才用之，一则施惠于民，一则荣耀自身。此时，若我一事无成，只能说明自己无用，无能，甚至无道，故是耻辱。

邦无道，不中我之用，若亦富且贵，必是同流合污，巧取豪夺，堕落失道，故亦是耻辱。

8.14 子曰：“不在其位，不谋其政。”

[译文]

夫子说：“不在那个职位上，就不要过问那个职位的政事。”

[疏解]

孔子说的是“不谋其政”，不是“不谋政”。孔子长期处于失位状态，一直在谋政，谋天下万世之政。

8.15 子曰：“师挚之始[1]，《关雎》之乱[2]，洋洋乎盈耳哉！”

［译文］

夫子说：“从太师挚开始演奏，到演奏《关雎》乐章结束，多么美妙啊，那盈耳的乐曲！”

［注释］

1 师挚之始：“师”，指太师，乐师。鲁国的乐师名挚（zhì）。“始”，乐曲的开端，即序曲。古代奏乐，开端一般由太师演奏，故说“师挚之始”。

2 《关雎》：《诗经》的第一篇。乱：乐曲结尾的一段，由多种乐器合奏。

［疏解］

孔子又一次被音乐感动了。

8.16 子曰：“狂而不直，侗而不愿[1]，悾悾而不信[2]，吾不知之矣。”

［译文］

夫子说：“狂妄而不正直，幼稚而不老实，平庸无能而不守信用，我不知道这种人怎么会这样呢。”

［注释］

1 侗（tóng）：幼稚无知。愿：谨慎，老实，厚道。

2 悾悾（kōng）：平庸无能的样子。

［疏解］

人之天性，优点与缺点往往如一枚硬币的两面，其缺点处往往隐藏着相应的优点，如狂者往往爽直，无知者往往老实，平庸者往往守信。所以皆有可取之处。

8.17 子曰："学如不及，犹恐失之。"

［译文］

夫子说："学习就好像赶不及，（赶上了）还怕失去它。"

［疏解］

孔子在说一种学习的心态和姿态。好学者，其心如此。

8.18 子曰："巍巍乎！舜禹之有天下也，而不与焉[1]。"

［译文］

夫子说："多么崇高伟大啊，舜、禹拥有天下了，而不坐江山哦。”

［注释］

1 与：参与、占有的意思。

［疏解］

舜和禹——受天下之祸而不享天下之福；担天下之责而不收天下之利；任天下之重而不擅天下之权，这才是真正的天下之王。《道德经》曰：“太上，不知有之。”说的就是这种至高的境界吧。

8.19 子曰：“大哉！尧之为君也！巍巍乎，唯天为大，唯尧则之[1]。荡荡乎[2]，民无能名焉[3]。巍巍乎，其有成功也。焕乎[4]，其有文章[5]。”

［译文］

夫子说：“伟大呀，尧做君主的风采！多么崇高啊，只有天为大，只有尧法天。他的恩德多么广大啊，人民不知该用怎样的言辞称赞他。多么崇高啊，他成就的功业。多么光辉啊，他制定的礼乐典章制度。”

［注释］

1 则：效法，取法。

2 荡荡：广博无边。

3 名：动词，用言语去形容，赞美。

4 焕：光辉，辉煌。

5 文章：指礼乐典章制度。

［疏解］

这里的“天”，是指不变的道：自然之道和人道，也是仁道。

8.20 舜有臣五人而天下治。武王曰：“予有乱臣十人[1]。”孔子曰：“才难，不其然乎？唐虞之际[2]，于斯为盛[3]。有妇人焉[4]，九人而已。三分天下有其二，以事奉殷。周之德，其可谓至德也已矣。”

［译文］

舜有贤臣五人，便天下大治。周武王说：“我有治理国家的大臣十人。”孔子说：“人才难得。难道不是这样吗？在唐尧、虞舜时代以及周武王时期人才最盛。然而（十位中）还有一人是他妻子邑姜，所以大臣实际上也只有九人而已。天下三分，（周文王）占有了其中之二，他却仍然服侍殷纣王。周朝的道德，可以说是最高的了。”

［注释］

1 乱臣：“乱”的原意是“理丝”，在这里是治理的意思。“乱臣”，指能治理国家的大臣。

2 唐虞之际：尧、舜之时。“唐”，尧的国号。“虞”，舜的国号。

3 斯：代词。指周武王时代。

4 妇人：妇，与夫对言，为人妇者。此指武王妻邑姜，因是夫妇，故不归大臣之数。

［疏解］

本章孔子说了三个问题：第一，才难；第二，夫妇之间不是臣属关系，妻者齐也，虽然“天子无妻”，但也不归臣子之列；第三，政治以德不以力，三分天下有其二，仍然遵循规则，这就是德。

8.21 子曰：“禹，吾无间然矣[1]。菲饮食而致孝乎鬼神[2]，恶衣服而致美乎黻冕[3]，卑宫室而尽力乎沟洫[4]。禹，吾无间然矣。”

［译文］

夫子说："对于禹，我没有什么可挑剔的了。菲薄自己的饮食，却拿（丰盛的祭品）孝敬鬼神；穿衣服很简朴，却把祭服礼服做得极华美；他住的宫室低矮狭小，却尽力兴修水利，开挖田间水道。对于禹，我没有什么可挑剔的了！"

［注释］

1 间（jiàn）：本意指空隙。这里用作动词，含有挑剔、批评、非议等意思。

2 菲（fěi）：菲薄，不丰厚。致：致力，努力去做。

3 黻冕（fǔ miǎn）：祭祀时穿的礼服，叫黻；官职在大夫以上的人戴的礼帽，叫冕。

4 卑：低矮，简陋。洫（xù）：田间的水道。

［疏解］

黄宗羲《原君》："有生之初，人各自私也，人各自利也。天下有公利而莫或兴之，有公害而莫或除之。有人者出，不以一己之利为利，而使天下受其利；不以一己之害为害，而使天下释其害。此其人之勤劳，必千万于天下之人。夫以千万倍之勤劳，而己又不享其利，必非天下之人情所欲居也。故古之人君，量而不欲入者，许由、务光是也；入而又去之者，尧舜是也；初不欲入而不得去者，禹是也。"

子罕篇第九

9.1 子罕言利。与命与仁。

［译文］

夫子很少谈到财利。他赞服天命和仁德。

［疏解］

这是讲人之行为动机或出发点：谋利、听从天命和出于仁德。

9.2 达巷党人曰[1]：“大哉孔子！博学而无所成名[2]。”子闻之，谓门弟子曰：“吾何执[3]？执御乎？执射乎？吾执御矣。”

［译文］

达那个里巷的人说："真伟大呀孔子！知识学问很广博，可惜没有成就名声的用武之地啊。"夫子听到这话，对本门弟子们说："我从事什么职业呢？从事驾车吗？从事射箭吗？我还是从事驾车好了。"

［注释］

1 达巷党人：达那个地方的人。"巷党"，里巷的意思。"达巷党人"，即达这个里巷里的人。或说此达巷党人即项橐。《汉书·董仲舒传》：仲舒对策曰："此亡异于达巷党人，不学而自知。"孟康注云："人，项橐也。"

2 所：有场所、依凭之意。无所成名：没有地方（东西、机会）让他成就名声。

3 执：专做，专门从事。御：六艺中地位较卑且易于操控者，孔子取以自谦。

［疏解］

孔子是一个有多种专业职能的人。（见9.6；9.7。）但他超越了这些专于一隅的技术，而去追求终极真理，以及全人类的幸福。正是这种终极关怀而不是他的多才多艺，使他成为圣人。

9.3 子曰："麻冕，礼也；今也纯，俭[1]，吾从众。拜下[2]，礼也；今拜乎上，泰也[3]。虽违众，吾从下。"

[译文]

夫子说："用麻布做礼帽，是合乎礼的；现在呢，大家都用丝绸做，（虽不合礼，但）这样比较节俭，我就从众了。（臣子拜见国君）先在堂下跪拜行礼（然后升堂再跪拜一次），才是符合礼的；现在则直接在升堂时行一次跪拜礼（就算了），这是高傲轻慢的表现。虽然违背众人，我还是赞成先在堂下行跪拜礼。"

[注释]

1 麻冕：用麻布制成的礼帽。纯：黑色的丝绸。按说丝绸比麻布贵，但制礼帽，要求很高，用麻布做，费工费时；用丝绸做，可省很多工时。两者比较，还是用丝绸做节俭。

2 拜下：按照传统古礼，臣见国君，先在堂下跪拜，到堂上再跪拜一次。

3 泰：轻慢，骄奢。

[疏解]

孔子并不固执地维护一切古礼。

9.4 子绝四：毋意，毋必，毋固，毋我。

［译文］

夫子杜绝了四种缺点：（从而做到）不凭空想象，不绝对肯定，不固执拘泥，不自以为是。

［疏解］

杜绝了四种缺点后即是“通达”。知识融会贯通，处事不粘不滞，为人宽容仁慈。

9.5 子畏于匡[1]。曰：“文王既没，文不在兹乎[2]？天之将丧斯文也，后死者不得与于斯文也[3]；天之未丧斯文也，匡人其如予何[4]？”

［译文］

夫子在匡地受到围困拘禁。他说：“文王已经死了，周代的文化遗产不都是在我这里吗？上天若要毁灭这种文化，我就不可能承继到这种文化了；上天若不要毁灭这种文化，匡人能把我怎么样？”

［注释］

1 子畏于匡：“畏”，此处是拘囚的意思。公元前496

年，孔子从卫国去陈国时，经过匡地。匡地曾遭受鲁国阳货的侵扰暴虐。孔子的相貌很像阳货，匡人以为是仇人阳货来了，便将他包围，拘禁了五天，想杀他。后来弄清真情，才放了他们。匡，今不详何处。一说即河南省长垣县西南十五里的匡城。

2 兹：这，此。这里指孔子自己。

3 后死者：孔子自称。与：给予。于：介词。与于：即“把斯文给予……”。

4 如予何：把我如何，能把我怎么样。“予”，我。

［疏解］

孔子是以传承古代文化自命的。他认为这是他的历史使命，他承担了这一使命，肩负起沉重的责任。而这项工作的伟大也给了他对自我的肯定：我既是文化的传承者，我就是负有“天命”的人。负有“天命”的人，凡夫俗子焉能加害？类似的逻辑是：“天生德于予，桓魋其如予何？”（见7.23）

9.6　太宰问于子贡曰[1]：“夫子圣者与？何其多能也？”子贡曰：“固天纵之将圣[2]，又多能也。”子闻之，曰：“太宰知我乎？吾少也贱，故多能鄙事[3]。君子多乎哉？不多也。”

［译文］

太宰问子贡道："孔老先生是圣人吧？怎么这样多才多艺呢？"子贡说："本来就是上天使他成为圣人，又使他多才多艺的！"夫子听到后，说："太宰了解我吗？我少年时贫贱，所以会许多卑贱的技艺。出身高贵的君子们这类技艺会的多吗？不多啊。"

［注释］

1 太宰：官名，不知何人。

2 纵：让，使。

3 鄙事：低下卑贱之事。

［疏解］

孔子说这番话时，内心是很感慨的。正因为他"少也贱"，为了养活自己，不得不学会了很多"鄙事"。

9.7　牢曰[1]："子云：'吾不试[2]，故艺。'"

［译文］

牢说："夫子说：'我没有被任用做官，所以（为了谋生而）学会了多种技艺。'"

［注释］

1 牢：不知何人。估计是此人对孔门弟子转述此语，弟子笔之《论语》。

2 试：用。引申为被任用，做官。

［疏解］

见9.6。

9.8 子曰："吾有知乎哉？无知也。有鄙夫问于我，空空如也，我叩其两端而竭焉[1]。"

［译文］

夫子说："我有知识吗？没有知识啊。有一个乡下人来问我，我空空如也哪有现成答案。（我从他那些问题的）正反两方面去思考追问，去叩问启发，把问题穷究不已，直到最后（终有所得）。"

［注释］

1 端：事物的两端，正反两方面。竭：穷究。

［疏解］

孔子也好，苏格拉底也罢，他们并不是在脑子里储存了所有问题的答案，而只是储存了解答问题的方法，以及一个逻辑出发点或价值立足点。这样，面对无穷之问，而有无穷之答。

9.9 子曰：“凤鸟不至[1]，河不出图[2]，吾已矣夫！”

［译文］

夫子说：“凤鸟不飞来，黄河不出图，我（这一生也）将要完了！”

［注释］

1 凤鸟：传说中的神鸟。古代传说，凤鸟出现，预示着天下太平，“圣王”将要出世。

2 图：传说上古伏羲时代，黄河中有龙马驮着“八卦图”出现。图的出现，是“圣人受命而王”的预兆。

［疏解］

凤鸟不至，河不出图，圣人大道不行。孔子感慨万端。

9.10 见齐衰者[1]，冕衣裳者与瞽者[2]，见之，虽少，必作[3]；过之，必趋[4]。

[译文]

夫子遇见穿丧服的人，戴礼帽、穿礼服的人和盲人，只要见到他们，即使年轻，孔子也一定站起身来；经过他们面前的时候，一定恭敬地迈小步快快走过。

[注释]

1 齐衰（zī cuī）：古代用麻布做的丧服。

2 冕衣裳者：穿着礼服的人。瞽（gǔ）：盲人。

3 作：站起身来。表示同情和敬意。

4 趋：小步快走。表示同情和敬意。

[疏解]

对待不幸的人或弱势群体，圣人内心一片仁慈，行为一派恭敬。

9.11 颜渊喟然叹曰[1]：“仰之弥高[2]，钻之弥坚[3]，瞻之在前，忽焉在后。夫子循循然善诱人[4]，博我以文，约我以礼，欲罢不能。既竭我才，如有所立卓尔[5]，虽欲从之，末由也已[6]。”

[译文]

颜渊感叹着说：“（老师的）道，抬头仰望，越望越觉得高大雄伟；努力钻研，越钻研越觉得难以吃透；看着好像在前面，忽然又像在后面。夫子善于一步一步地诱导人，用文化典籍来丰富我的知识，用礼节来约束我的行动，（跟他学习）想停止是不可能的。我已经竭尽我的才力了，好像有一个非常高大的东西立在前面，虽然很想攀登上去，却没有途径。”

［注释］

1 喟（kuì）：叹气，叹息。

2 弥：更加，越发。

3 钻：深入钻研。坚：本意是坚硬，坚固。这里引申为艰深而难以吃透。

4 循循然：一步一步有次序地。诱：引导，诱导。

5 卓尔：高大直立的样子。

6 末由：末，没有，无。由，途径。

［疏解］

“博我以文”：以文使我识见广博眼界广大。“约我以礼”：以礼使我正道直行进退有据。一大一正，合起来就是“正大”。

9.12 子疾病，子路使门人为臣[1]。病间[2]，曰：“久

矣哉！由之行诈也！无臣而为有臣，吾谁欺？欺天乎？且予与其死于臣之手也，无宁死于二三子之手乎！且予纵不得大葬[3]，予死于道路乎？”

［译文］

夫子病重，子路让同门作为夫子家臣（以准备后事）。夫子的病好转一些后（发现了这一情况），说：“很久了啊，仲由干这种欺骗人的事！没有家臣，却要装作有家臣，我欺骗谁呢？欺骗上天吗？况且，我与其让家臣料理我的死丧，难道不是更愿意用你们的手来料理吗？而且，我即使不能以大夫之礼隆重安葬，难道我就会死在路上无人安葬吗？”

［注释］

1 臣：指家臣。古代，诸侯死，才能有“臣”治丧礼，孔子时，大夫一般也有了家臣治丧，在人死之前即开始准备工作。孔子此时已经不做官了，没有家臣，但是子路却要安排门人去充当孔子的家臣，准备以大夫之礼来安葬孔子。

2 间（jiàn）：本指间隙。这里指病轻些的时候。

3 大葬：指按葬大夫的礼节来安葬。

［疏解］

如果给孔子治丧的是臣，则孔子的身份就是大夫；而如果给孔子治丧的是学生，孔子的身份就是“人师”。孔子的心里：我是人师，不是大夫！

9.13 子贡曰：“有美玉于斯，韫椟而藏诸[1]？求善贾而沽诸[2]？”子曰：“沽之哉！沽之哉！我待贾者也。”

［**译文**］

子贡说：“有一块美玉在这里，是把它放入柜子里收藏起来呢？还是找一个识货的商人卖掉它呢？”夫子说：“卖它吧！卖它吧！但我要等到合适的人才出手啊。”

［**注释**］

1 韫椟（yùn dú）：“韫”，收藏起来。“椟”，柜子。后以“韫椟”表示怀才未用。

2 贾（gǔ）：商贾，商人。又可理解为通“價（价）”，善贾，既可释为识货的商人，又可释为好价钱。下文“待贾”就是“等一个好价钱”。但等着卖一个好价钱，语义粗鄙，不取。

［**疏解**］

这是孔子和他最善言辞的弟子子贡之间的一次心照不宣

的谈话，双方都用譬喻作暗语。说白了，他们说的就是：

子贡说："夫子您怀抱才德，是一直隐居在家呢，还是出去做官呢？"

夫子说："做官啊，做官啊，我在等那个值得共事的人呢。"

9.14 子欲居九夷[1]。或曰："陋，如之何？"子曰："君子居之，何陋之有？"

［译文］

夫子想到九夷地方去住。有人说："那里很落后，怎么办呢？"夫子说："君子居住到那里，那里还落后什么？"

［注释］

1 九夷：我国古代称东部的少数民族为夷。至于"九夷"，或说是指九个不同部族；或说是对东部夷族地区的总称；或说即"淮夷"，是散居于淮水、泗水之间的一个部族。

［疏解］

落后就是人的落后。

君子住到那里，教化那里的人。那里的人被教化好了，自然也就不落后了。

9.15 子曰："吾自卫反鲁[1]，然后乐正，《雅》《颂》各得其所[2]。"

［译文］

夫子说："我自卫国返回鲁国，然后把乐曲进行了整理订正，使《雅》《颂》各得其所。"

［注释］

1 自卫反鲁："反"，同"返"。公元前484年（鲁哀公十一年）冬，孔子从卫国返回鲁国，结束了他十四年的周游列国生涯。

2 《雅》《颂》：《诗经》篇章分《风》《雅》《颂》三大类。此言雅颂而不及风。《论语集释》引包慎言《敏甫文钞》："《诗》有六义：曰风曰赋曰比曰兴曰雅曰颂。而其被之于乐，则雅中有颂，颂中有雅，风中亦有雅。诗之风雅颂以体别，乐之风雅颂以律同。本之性情，稽之度数，协之音律，其中正和平者则俱曰雅颂焉云尔。"又引皇疏："孔子去鲁后，而鲁礼乐崩坏。孔子以鲁哀公十一年从卫还鲁，而删诗书，定礼乐，故乐音得正。乐音得正，所以雅颂之诗各得其本所也。雅颂是诗义之美者，美者既正，则余者正亦可知也。"

[**疏解**]

孔子爱好古代文献，传授古代文化，删诗书，定礼乐是其重要贡献之一。

9.16 子曰：“出则事公卿，入则事父兄，丧事不敢不勉，不为酒困，何有于我哉？”

[**译文**]

夫子说：“在外从政事奉公卿，在家闲居侍奉父兄，办理丧事不敢不勤勉尽力，喝酒也不失态，（这些事）对我有什么困难呢？”

[**疏解**]

钱穆《论语新解》：“孔子幼孤，其兄亦早亡，此章未必在早年，则不专为己发。”甚是。孔子实际上是以此指点身边人。

大人往往小心，圣贤常常庸行。

9.17 子在川上曰：“逝者如斯夫！不舍昼夜。”

[**译文**]

夫子在河边说：“消逝的一切就像这河水一样啊！日夜

不停地流去。”

［疏解］

诗性的夫子。

9.18 子曰：“吾未见好德如好色者也。”

［译文］

夫子说：“我没见过爱慕德行像爱慕美色（那样热切）的人啊。”

［疏解］

《史记》：“孔子居卫，灵公与夫人同车，使孔子为次乘，招摇市过之。”或者孔子此言，专为卫灵公此事而发。若如此，孔子从普遍人性立论，不专针对卫灵公，对卫灵公，可谓婉而多讽，留足面子。

孔子所叹，亦世之常态，普遍如此。

9.19 子曰：“譬如为山，未成一篑[1]，止，吾止也。譬如平地，虽覆一篑，进，吾往也[2]。”

[译文]

夫子说："譬如堆土成山，只差一筐土便堆成时，停止了，那是我自己停止的呀。譬如平地起山，即使才倒下第一筐土，可是继续堆土，那是我自己坚持往前的呀。"

[注释]

1 篑（kuì）：装土用的竹筐子。

2 往：继续去做的意思。

[疏解]

进为我进，止亦我止，成败在己不在人。

差一步，不达；走一步，出发。人生就在这一步之遥。

人生岂能求必达，只求自家曾出发。

9.20 子曰："语之而不惰者，其回也与！"

[译文]

夫子说："听我说话而始终不懈怠的，大概只有颜回吧！"

[疏解]

与9.19同看，颜渊即是坚持到最后而不止者。不惰者，不止也。

9.21 子谓颜回，曰：“惜乎！吾见其进也，未见其止也。”

［译文］

夫子谈到（死去的）颜渊，（叹息）说：“真可惜呀！我只看到他学习不断进步，从来没见他停止学习。”

［疏解］

颜渊的死，是孔子最大的痛。这接连三节（9.20；9.21；9.22）都是孔子哀痛心情的体现，在第11章中，从第7节至第11节，也都在哀叹颜渊的死，可参看。

9.22 子曰：“苗而不秀者有矣夫！秀而不实者有矣夫！”

［译文］

夫子说：“只长苗而不开花有过的啊！只开花而不结果有过的啊！”

［疏解］

这是孔子悼惜颜渊。

9.23　子曰：“后生可畏，焉知来者之不如今也？四十、五十而无闻焉，斯亦不足畏也已。”

[译文]

夫子说：“年轻人是值得敬畏的，怎么知道将来的人不如现在的人呢？（但如果到了）四十岁、五十岁还默默无闻，那也就不值得敬服了。”

[疏解]

后生固可畏，成材要趁早。

9.24　子曰：“法语之言[1]，能无从乎？改之为贵。巽与之言[2]，能无说乎？绎之为贵[3]。说而不绎，从而不改，吾末如之何也已矣！”

[译文]

夫子说：“符合道理的话，能不听从吗？（听了然后）改变自己，才是可贵的。顺耳好听的话，能不让人高兴吗？但只有加以分析鉴别（有所取舍），才是可贵的。如果只高兴而不分析鉴别，只耳听而不改正，我实在没有什么办法啊。”

［注释］

1 法语之言：指符合礼法规范的正确的话。“法”，法则，规则，原则。

2 巽（xùn）与之言：“巽”，通“逊”，谦逊，恭顺。“与”，赞许，称赞。“巽与之言”，指那种顺耳好听的、恭维称道的话。

3 绎（yì）：本义是抽丝。引申为寻究事理，分析鉴别以便判断真假是非。

［疏解］

知道理易，行道理难，是谓知易行难。

天下尽有“法语之言”“巽与之言”，只缺入耳入心的人。

9.25 子曰：“主忠信，毋友不如已者，过则勿惮改[1]。”

［注释］

1 本节与1.8内容重出。

9.26 子曰：“三军可夺帅也[1]，匹夫不可夺志也[2]。”

［译文］

夫子说："三军可以改换它的主帅，一个男子汉，不可以强迫他改变志向。"

［注释］

1 三军：军队的通称。夺：改变，改换。

2 匹夫：普通的人，男子汉。

［疏解］

志向的可贵不在于大小，而在于坚定。

9.27　子曰："衣敝缊袍[1]，与衣狐貉者立，而不耻者，其由也与！'不忮不求，何用不臧[2]？'"子路终身诵之。子曰："是道也，何足以臧？"

［译文］

夫子说："穿着破旧的丝棉袍子，同穿着狐貉皮袍子的人在一起站着，而不觉得羞惭的人，大概只有仲由吧？（《诗经》上说：）'不嫉妒，不贪求，为何不好？'"子路终身都念诵这两句诗。夫子说："仅仅这样做怎么能好呢？"

［注释］

1 衣敝缊袍："衣"，作动词，穿。"敝"，破旧，坏。"缊（yùn）"：乱麻、旧棉絮。

2 "不忮"二句：出自《诗经·邶风·雄雉》篇。"忮（zhì）"，嫉妒别人。"求"，贪求财物。"何用"，用何，因何，为什么。"臧（zāng）"，好，善。

［疏解］

子路最无小人之心，最无虚荣心，所以，他能穿着破衣旧衫站在一群衣着华贵的人中间，而且坦然自若。

他出身是卞之野人，但他最有贵族气象。

9.28　子曰："岁寒，然后知松柏之后凋也。"

［译文］

夫子说："天冷了，然后才知道松柏是最后落叶的。"

［疏解］

最后关头，才知道谁是真正英雄。

人之意志、品质、才能，在最困难的时候，才得到真正的检验。

9.29 子曰：“知者不惑，仁者不忧，勇者不惧。”

［译文］

夫子说：“智慧的人不迷惑，仁德的人不忧愁，勇敢的人不畏惧。”

［疏解］

知者不惑，是因为他的智慧使自己明理，足以解惑；仁者不忧，是因为他的仁德使自己无私，足以忘忧；勇者不惧，是因为他的勇敢来自正气，足以镇邪。

9.30 子曰：“可与共学，未可与适道[1]。可与适道，未可与立。可与立，未可与权[2]。”

［译文］

夫子说：“能够一起学习的人，未必能一起达到‘道’的境界；能够一起达到‘道’境界的人，未必能一起立身于‘道’中；能够一起立身于‘道’的人，未必能与他一起灵活运用道。”

[注释]

1 适：往。这里含有达到、学到的意思。道：指真理。

2 权：权变，随机应变。

[疏解]

学识越深，身边的同伴越少。曲高自然和寡；德高自然孤独。

9.31 “唐棣之华，偏其反而。岂不尔思？室是远而[1]。”子曰：“未之思也，夫何远之有？”

[译文]

古诗说：“唐棣树的花呀，翩翩地摇呀。难道我不想你？你住得远呀。”夫子说：“还是没有真正想念啊，哪是什么遥远不遥远的问题呢？”

[注释]

1 “唐棣（dì）”四句：古诗。“唐棣”，又作“棠棣”“常棣”，树木名。“华”，同“花”。“偏其反而”，唐棣之花在风中翩飞翻舞。“偏”，同“翩”。“反”，通“翻”，翻动。“而”，语助词，没有实际意义。“岂不尔思”，即“岂不思尔”，“尔”，你。

“室”，居住之处。

［疏解］

古人很浪漫，多情而且深情。孔子盯着这几句诗，默念着这几句诗，他更浪漫。

求爱和求道，爱人和爱知识、爱道德，其道理是相通的。

乡党篇第十

10.1 孔子于乡党，恂恂如也，似不能言者。其在宗庙朝廷，便便言，唯谨尔。

朝，与下大夫言，侃侃如也；与上大夫言，訚訚如也。君在，踧踖如也，与与如也。[1]

君召使摈，色勃如也，足躩如也。揖所与立，左右手，衣前后，襜如也。趋进，翼如也。[2]宾退，必复命，曰："宾不顾矣。"

入公门，鞠躬如也[3]，如不容。

立不中门。行不履阈。过位，色勃如也。[4]足躩如也。其言似不足者。

摄齐升堂，鞠躬如也，屏气似不息者。出，降一等，逞颜色，怡怡如也。没阶，趋进，翼如也。复其

位，踧踖如也。[5]

执圭[6]，鞠躬如也，如不胜。上如揖，下如授，勃如战色，足蹜蹜如有循。

享礼，有容色。私觌，愉愉如也。

［**译文**］

孔子在本乡本里时，恭顺温和谦逊，好像不会说话一样。他在宗庙里、朝廷上，说话清楚、明白，只是很严谨慎重，不放肆。

上朝的时候，同下大夫谈话时，是温和快乐的样子；同上大夫谈话时，是正直恭敬的样子。国君在，是恭敬而心里不安的样子，行步安详的样子。

君主召见他让他去接待外宾，他面色庄重，步履加快。向两旁的人作揖，向左边的人作揖时，拱手向左，向右边的人作揖时，拱手向右，礼服（随着他的动作）一俯一仰，很整齐。快步向前时，好像鸟儿舒展翅膀。外宾辞别以后，一定回来向国君报告说："客人已经不再回头了。"

走进朝廷的门，小心而恭敬的样子，好像无地自容一样。

不站在门的中间，走路时脚不踩门槛。经过国君的座位，面色庄重，脚步加快，说话（小心翼翼）好像气不足似的。

提起衣服下摆走上殿堂，小心而恭敬的样子，屏住气，好像不能呼吸一般。走出来，下一级台阶，面色舒展，怡然和悦的样子。走完了台阶，便疾步向前，好像鸟儿舒展了翅膀。回到自己的席位上，显出恭敬而内心不安的样子。

（出使外国行礼的时候）拿着圭玉，恭敬小心好像力量不足，举不起来。向上举，好像作揖；向下拿，好像交给别人。面色庄严战战兢兢，脚步紧张而小心，好像踩着一条看不见的线在走。

献礼时，便满脸和悦。以私人身份会见外国君臣时，是和悦轻松的样子。

［注释］

1 恂恂（xún）：恭顺的样子。便便（pián）：坦率和悦的样子。侃侃：温和快乐的样子。訚訚（yín）：正直而恭顺的样子。踧踖（cù jí）：恭敬谨慎的样子。与与：谦恭安详的样子。

2 摈：通“傧”，导引宾客。勃如：庄重、矜持的样子。躩（jué）如：行走端正的样子。所与立：和他一起在场的人。左右手：向左右两边拱手作揖。衣前后，襜（chán）如也：礼服俯仰之间，整齐不乱。“襜”，整齐的样子。趋进，翼如也：快步向前时，如鸟舒展双翼，整齐有序。

3 鞠躬：这里指小心恭敬。

4 阈（yù）：门限，门槛。过位：经过国君的空位。

5 摄齐（zī）：提起衣服的下摆。“齐”，缝下摆的缝，此指下摆。出，降一等：朝见国君之后出来，走下第一级台阶。没阶：走完最后一级台阶。复位：回到自己的座位。

6 圭：玉器，大臣出访他国时，手持国君之圭作为信物。

［疏解］

本篇疏俱见10.4（10.2；10.3同）。

10.2 君子[1]不以绀緅饰，红紫不以为亵服[2]。

当暑，袗絺绤，必表而出之[3]。

缁衣羔裘，素衣麑裘，黄衣狐裘。

亵裘长，短右袂。必有寝衣，长一身有半。狐貉之厚以居[4]。

去丧，无所不佩。非帷裳，必杀之。羔裘玄冠不以吊。吉月，必朝服而朝。

［译文］

（君子）不用（近乎黑色的）天青色和铁灰色镶边。红色紫色不用来做贴身内衣。

在暑天，穿着粗的或者细的葛布单衣，但一定加外套，并使它露在外面。

黑衣配紫羔裘，白衣配小鹿皮裘，黄衣配狐皮裘（因为颜色相近而般配）。

贴身皮袄较长，右边的袖子较短（这样，做事方便。）一定要有睡衣，长度约合身长的一又二分之一。用较厚的狐貉皮作坐垫。

丧服满了以后，什么东西都可以佩戴。不是朝服和祭服，用整幅布做的裙子，一定裁去剩余的布料。不穿戴着紫羔和黑色礼帽去吊丧。正月初一，一定要穿着上朝的礼服去朝贺。

［**注释**］

1 君子：此“君子”二字疑是衍文。因为整个第10章的主语都是省略的，这省略的主语就是“子”或“孔子”。

2 绀緅（gàn zōu）：指两种近于黑色的颜色。古时祭服为黑色，所以孔子不用近于黑色的绀緅色来做饰边。红紫：红色是表示贵重的颜色，紫色近于红色，所以这两种颜色都不用作内衣。这些做法都是为了表示尊敬而不敢亵渎。

3 袗絺绤（zhěn chī xì）：“袗”，单，此处作动词用，穿单衣的意思。“絺”，细葛布。“绤”，粗葛布。

4 寝衣：即睡衣。

10.3　**齐，必有明衣，布**[1]**。齐必变食，居必迁坐。**

食不厌精，脍不厌细。

食饐而餲[2]**，鱼馁而肉败，不食。色恶，不食。臭**

恶，不食。失饪，不食。不时，不食。割不正，不食。不得其酱，不食。

肉虽多，不使胜食气。惟酒无量，不及乱。沽酒市脯，不食。不撤姜食，不多食。

祭于公，不宿肉[3]。祭肉不出三日。出三日，不食之矣。

食不语，寝不言。

虽疏食菜羹，必祭，必齐如也。

席不正，不坐。

乡人饮酒，杖者出，斯出矣。

乡人傩，朝服而立于阼阶。

问人于他邦，再拜而送之。

康子馈药，拜而受之，曰："丘未达，不敢尝。"

厩焚，子退朝，曰："伤人乎？"不问马。

君赐食，必正席先尝之。君赐腥，必熟而荐之[4]。君赐生，必畜之。

侍食于君，君祭，先饭。

疾，君视之。东首，加朝服，拖绅。

君命召，不俟驾行矣。

入太庙，每事问。

朋友死，无所归，曰："于我殡。"

朋友之馈，虽车马，非祭肉不拜。

寝不尸，居不客。

见齐衰者，虽狎必变。见冕者与瞽者，虽亵必以貌。

凶服者式之[5]。式负版者。

有盛馔，必变色而作。迅雷风烈必变。

升车必正立，执绥。车中不内顾，不疾言，不亲指。

［译文］

斋戒沐浴时，一定有洁净的浴衣，是用布做的。斋戒时，一定改变平常的饮食，又改变日常的居处（不与妻妾同房）。

饭食不嫌精致，鱼肉不嫌精细。

饭食霉烂发臭，鱼烂了、肉腐了，不吃。颜色变坏了，不吃。气味不好了，不吃。烹调不好，不吃。不按时，不吃。切割得不方正的肉，不吃。没有调味的酱醋，不吃。

席上肉多，不贪吃而让它败坏胃口。只有酒不限量，但不至于醉乱。买来的酒和肉干，不吃。吃完了，姜不撤去，但也不多吃。

参加国家的祭礼，分得的祭肉不过夜。自家祭肉留存不超过三天。如果过了三天，便不吃它了。

吃饭睡觉的时候，不说话。

即使吃粗米饭、小菜汤，也一定要祭一番，而且祭时恭恭敬敬，同斋戒一样。

座席摆的方向不合礼制，不坐。

举行乡人饮酒礼后，要等老人都离去，自己才走出去。

乡里迎神驱鬼，穿着朝服站在东边台阶上。

托人给外国朋友问候送礼，向受托者拜两次送行。

季康子赠送药品给他，他拜而受之，（事后又）说：“我对这药性还不了解，不敢试服。”

家里的马棚失火，先生从朝廷回来，急问：“伤人没有？”并不问马。

鲁君赐予食品，一定端正座位先尝一尝。鲁君赐予生肉，一定煮熟了敬献祖先。鲁君赐活物，一定畜养着。

陪鲁君吃饭，鲁君饭前举行祭礼的时候，自己先吃饭（不吃菜）。

病了，鲁君来探问，他头朝东卧，身上盖着上朝服，拖着大带。

鲁君召唤，不等待车马驾好，立即徒步先行。

进入周公庙助祭，每件事情都去询问他人。

朋友死亡，若没有人收殓，他说：“丧葬由我来料理。”

朋友有赠品，除了祭肉，即使是车马这样珍贵之物，也不行礼。

睡觉时不像死尸一样（四肢直挺），平日闲坐，也不像做客人一般拘谨。

看见穿丧服的人，即使是平时很随便的人，也一定要改变态度（表示同情）。看见戴礼帽的人和盲人，即使是平时很亲热的人，也一定有礼貌。

在车中遇着服丧服的人，便把身体微向前俯，手伏车前横木（表示同情）。遇见背负国家图籍的人，也手伏车前横木示礼。

有丰盛的肴馔，一定改变神色，先站起来。遇见疾雷或者大风，一定要改变神态。

上了车，一定端正地站着，拉着扶手带。在车里，不回头看，不高声说话，不用手指指点点。

[注释]

1 齐：即斋。明衣：浴衣。

2 饐（yì）：馊臭。餲（ài）：变味。

3 祭于公，不宿肉：古代的大夫、士有助祭之礼，即他们带着自己家的肉去助天子的祭祀，当天清晨宰杀牲畜，然后带去祭祀，第二天又举行“绎祭”（再祭），然后才允许各人把自己带来的祭肉带回家，这样祭肉至少已有一两天了，故不能再存放一夜。下文“祭肉不出三日”也是担心时间久变质，不卫生。

4 腥：生肉。荐：进奉（祖先）。

5 式：车前横木，此指凭倚车轼，表示恭敬。

10.4　色斯举矣，翔而后集。曰：“山梁雌雉！时哉！时哉！”子路共[1]之，三嗅而作[2]。

［注释］

1 共：供。子路闻孔子赞叹野鸡，乃供食之。

2 三嗅而作：子路投食喂养，雉三嗅之，不敢食而起飞。

［译文］

人的脸色稍有不对，野鸡就展翅高飞了。飞翔了一阵之后又落在树上。（夫子）说：“山梁上的雌野鸡，识时务呀！识时务呀！”子路于是给野鸡供食，野鸡嗅了几次，没有吃，飞走了。

［疏解］

此第十章原不分节，后人分为若干节，我把它分为四节。理由是：现分第一节的内容和第三节的内容，都是第三者的陈述语气，省略掉的主语都是孔子，所以一般的译文都加上“孔子”二字，我以为加不加“孔子”二字意思并无变化，我谨依原文，依旧把它省略了。这两大节都是在向我们客观地描述孔子在不同场合下的行为做派，以彰显孔子的圣人气质。

这一篇对孔子的描述显然是亲眼所见、亲耳所闻的孔门弟子作的。所以真实而虔诚，甚至有些琐碎。但正因为其琐碎，令我们越发相信其真实性。

总的来看，孔子是一个温柔敦厚有圣人气象的人物。他的思想是中庸而不偏激的；他的性格是温良恭俭让而略显拘谨的；他的行为是循礼而不狂狷的。至于他的一些具体言行，比如穿衣吃饭，及在不同场合下的神情与做派，可能只是他个性使然，不一定是他有意识这样或那样，以便给当时人及后来人垂范的。因此，后人也不必揣摩其用意（因为很可能他并无用意）并加以模仿。但是，他既是内在修养极深的人，他的言行就必有其道德上的根基与意义，他的弟子们也正是从这一点来理解他们老师的一言一行、一举一动，并虔诚地记录在案，让后来者一方面据此了解他们的老师，与他们一起敬爱并追随他们的老师，一方面也想把它作为我们的行动指南和行为规范。

先进篇第十一

11.1　子曰：**“先进于礼乐[1]，野人也[2]。后进于礼乐，君子也[3]。如用之，则吾从先进。”**

［译文］

夫子说：“先学习礼乐（后做官）的人，往往是在野的人。（先有了官职）而后学习礼乐的人，常常是卿大夫的子弟。如果要选用他们，我将选用先学习礼乐的人。”

［注释］

1 “先进”句：指先学习礼乐方面的知识并有所进益，然后再去做官，“后进”反之。

2 野人：这里指庶民，没有爵禄的平民，与世袭贵族相对。

3 君子：这里指有爵禄的贵族，世卿子弟。

［疏解］

在野之人，无所凭依，只能先进于礼乐。贵族子弟，有所依仗，往往是后进于礼乐。

11.2 子曰："从我于陈、蔡者[1]，皆不及门也[2]。"

［译文］

夫子说："跟着我在陈国、蔡国受磨难的弟子们，现在都不在我的门下了。"

［注释］

1 "从我"句：公元前489年，孔子周游列国，率领弟子们从陈国去蔡国。途中，楚国派人来聘请孔子，孔子准备去楚国。陈、蔡大夫怕孔子到楚国受重用后于己不利，便一起派人把孔子围困在郊野。孔子和弟子们断粮七天，许多人饿得不能行走。后由子贡去楚国告急，楚昭王派兵前来迎接孔子，才获解救。当时随从孔子的弟子有子路、子贡、颜渊等。公元前484年，孔子返回鲁国后，子路、子贡等先后离开了他而各奔前程，颜渊病死。想起他们，想起那过去的岁月，已届暮年的孔子常常感慨万千。

2 不及门：不在门下了，离开自己了。

［疏解］

孔子怀念旧人，怀念那一段风尘仆仆、磨难重重而又满怀希望与热情的时光。

11.3　德行：颜渊，闵子骞，冉伯牛，仲弓。言语：宰我，子贡。政事：冉有，季路。文学：子游，子夏[1]。

［译文］

德行优秀的：颜渊，闵子骞，冉伯牛，仲弓。擅长言语的：宰我，子贡。通晓政事的：冉有，季路。精通文献的：子游，子夏。

［注释］

1 钱穆《论语新解》："此下非孔子语，乃记者因孔子言而附记及之，以见孔门学风先后之异。若记孔子语，则诸弟子当称名，不称字。"当从。

［疏解］

此章应与上章合一。上章为孔子怀旧，此章则弟子承接孔子之言，附记当时孔门彬彬之盛。

这里提到的十个人，后世把他们称为“孔门十哲”。

11.4 子曰：“回也非助我者也，于吾言无所不说。”

［译文］

夫子说：“颜回不是能对我有助益的人，（因为他）对我所说的话，没有不心悦诚服的。”

［疏解］

这一章是《论语》中孔子唯一批评颜渊的一次。

11.5 子曰：“孝哉闵子骞！[1]人不间于其父母昆弟之言[2]。”

［译文］

夫子说：“真孝顺呀，闵子骞！人们不会挑剔他父母兄弟（称赞他孝）的话。”

［注释］

1 闵子骞：孔子称弟子，例直呼其名，唯此处闵子骞例外。大约闵子骞视孔子为师，而孔子以闵子骞为友，如《水浒传》中智真长老与鲁智深。

2 间：挑剔，找毛病。昆：兄。

［疏解］

做事，问心无愧易，使人无疑难。闵子骞做到了。

11.6 南容三复白圭[1]，孔子以其兄之子妻之。

［译文］

南容一天到晚反复诵读关于“白圭”的诗句，孔子便把自己哥哥的女儿嫁给了他。

［注释］

1 南容：即南宫适（见5.2注）。三复：多次重复。白圭：指《诗经·大雅·抑》篇中的句子：“白圭之玷，尚可磨也（白圭上的斑点污点，还可以磨掉）；斯言之玷，不可为也（言语中的错误，是不能收回的）。”大意是说话一定要小心谨慎，否则悔之无及。

［疏解］

南宫适谨慎，谨言慎行。

11.7　季康子问："弟子孰为好学？"孔子对曰："有颜回者好学，不幸短命死矣。今也则亡。"

［译文］

季康子问："（你的）弟子中谁是爱好学习的呢？"孔子回答："有一个叫颜回的，很好学，不幸短命死了，如今便没有好学的人了。"

［疏解］

参看6.3章疏。

11.8　颜渊死，颜路请子之车以为之椁[1]。子曰："才不才，亦各言其子也。鲤也死[2]，有棺而无椁。吾不徒行以为之椁，以吾从大夫之后[3]，不可徒行也[4]。"

［译文］

颜渊死了，颜路请求孔子用自己的车给颜渊做一个椁。夫子说："不管有才无才，总都是为了自己的儿子。我儿子孔鲤死时，就只有棺而没有椁。我不能把我的车给颜回当椁而自己步行，因为我过去当过大夫，是不可以步行的。"

［注释］

1 颜路：姓颜，名无繇（yóu），字路，颜渊的父亲，孔子弟子。椁（guǒ）：古代有地位的人，棺材有两层：内层直接装殓尸体，叫“棺”；外面还套着一层套棺，叫“椁”，合称“棺椁”。“颜路请子之车以为之椁”当是以此车之木料为椁，而非一般理解之卖车筹款。当时乘车，是一种身份，绝非可以市场买卖。

2 鲤：孔鲤，孔子的儿子。孔鲤五十岁死，时孔子七十岁。

3 从大夫之后：跟从在大夫们的后面。是自己曾是大夫（孔子任鲁国司寇，是主管治安与司法的行政长官）的谦虚的表达方法。按礼大夫出门要坐车，否则为失礼。

4 按，此则疑点极多，第一，孔子不至于为颜渊办椁的能力都没有；第二，弟子中亦当有能办愿办者，下则言门人厚葬可证；第三，春秋之时，木料当非紧缺贵重之物。疑当时风俗以特定人物所乘车之木料为椁乃一特殊恩遇，颜渊为孔门第一高徒，道德学问最高，颜路请孔子车料为颜渊椁，当是一种荣耀或作为孔门第一弟子身份之确认。

钱穆《论语新解》：“本章极多疑者。……窃谓孔子距今逾两千五百年，此等细节，岂可一一知之。所知者，伯鱼卒，孔子已年七十，不为办椁。翌年，颜渊死，孔子亦不为办椁，此则明白可知者。若上举诸疑，琐碎已甚，岂能必求答案。有志于学者，不宜在微末处骋才辨，滋枝节。”

（《论语新解》）

［疏解］

悲痛之中，孔子拒绝了颜路的要求。原因估计有二：让老师风烛残年徒行，会损害颜回作为弟子的名声；让家中老父因厚葬而陷入困顿，会损害颜回作为儿子的名声。

11.9　**颜渊死，子曰："噫！天丧予[1]！天丧予！"**

［译文］

颜渊死了，夫子说："唉！天灭我呀！天灭我呀！"

［注释］

1 天丧予："丧"，亡，使……灭亡。此"丧"，即9.5之"天之将丧斯文……天之未丧斯文"之"丧"。

［疏解］

孔子本想在自己老死后，让颜渊接过他的文明接力棒的。现在颜渊先死了，他担心自己的思想和学问无人承传了，所以悲痛欲绝，连说："天灭我呀！天灭我呀！"

11.10　**颜渊死，子哭之恸[1]。从者曰："子恸**

矣。”曰：“有恸乎？非夫人之为恸而谁为[2]？”

［译文］

颜渊死了，夫子哭得很悲痛。随从的人说：“夫子您太哀痛了！”夫子说：“是太哀痛了吗？我不为这样的人哀痛还为谁呢？”

［注释］

1 恸（tòng）：极度哀痛，悲伤。

2 “非夫人”句：即“非为夫人恸而为谁”的倒装。“夫人”，这个人、那个人，代指死者颜渊。“之”是虚词，在语法上只起到帮助倒装的作用。

［疏解］

“苗而不秀”，“秀而不实”（9.22），孔子不为他痛还为谁痛？

11.11　颜渊死，门人欲厚葬之。子曰：“不可！”门人厚葬之。子曰：“回也，视予犹父也，予不得视犹子也。非我也，夫二三子也。”

［译文］

颜渊死了，弟子们想厚葬他。夫子说："不可以。"弟子们仍然厚葬了颜渊。夫子说："颜回呀，你看待我如同父亲，我却不能看待你如同儿子啊（我是想照当初安葬孔鲤的样子来安葬你啊）。现在搞成这样不是我的主意呀，是你那班同学干的呀。"

［疏解］

颜渊的死，是孔门的一件大事，这是孔门由盛转衰的标志，它像一块乌云，遮住了天空中的太阳，阴霾笼罩下来。

11.12 季路问事鬼神。子曰："未能事人，焉能事鬼？"曰："敢问死？"曰："未知生，焉知死？"

［译文］

子路问怎样事奉鬼神。夫子说："还不能把人事奉好，怎能事奉鬼？"（子路又）说："我大胆地问，死是怎么回事？"（夫子）说："生的道理还没明白，怎能懂得死呢？"

［疏解］

此章紧承记录颜渊之死之11.8、11.9、11.10、11.11四章，当为子路办完颜渊丧事，离鲁赴卫之时。

子路离鲁适卫，心知归来或不见夫子其人只见夫子其鬼也，心知归来或不能事夫子其人只能事夫子之鬼也。

11.13　闵子侍侧，訚訚如也。子路，行行如也。冉有、子贡，侃侃如也。子乐。“若由也，不得其死然。”

［**译文**］

闵子立在孔子身边，正直而恭顺的气质；子路，刚强而直率的气质；冉有、子贡，温和而快乐的气质。夫子看着他们，粲然一乐。（又忧心忡忡地说：）“像仲由这样（刚强），恐怕不得其死啊。”

［**疏解**］

老子说：“强梁者不得其死。”子路刚强，孔子也担心他因此不得其死。

上一章子路心忧老师之死，这一章老师担心子路之不得其死，读之恻然心伤。

11.14　鲁人为长府[1]。闵子骞曰：“仍旧贯，如之何？何必改作？”子曰：“夫人不言[2]，言必有中[3]。”

［译文］

鲁国的执政者要改建国库长府。闵子骞说："保持老样子，怎么样？何必改建呢？"夫子说："这个人不说则已，一说就说得正确。"

［注释］

1 鲁人：指鲁国的当权者。为：在这里是改建、翻建的意思。长府：鲁国国库名。一说宫室名。

2 夫人：这个人。指闵子骞。

3 中（zhòng）：这里指说的话能切中要害，说到点子上。

［疏解］

鲁人为长府，可能与昭公曾居长府以攻季氏有关（《左传·昭公二十五年》），三家共逐昭公，昭公奔齐。流亡齐、晋八年后，昭公死于晋国乾侯，三家忌恨昭公，不立昭公子，立昭公弟公子宋为国君，是为鲁定公。昭公遭际可怜，鲁人有同情者，三家于是欲改作长府，以毁其旧迹，不使鲁人念想也。闵子时年二十，无谏净之责，乃以微言讽之。

11.15 子曰："由之瑟，奚为于丘之门！[1]"门人不敬子路。子曰："由也升堂矣，未入于室也[2]。"

［译文］

夫子说："仲由的那种瑟声，为什么在我这里弹！"弟子们（因此）不尊敬子路。夫子便说："仲由啊，在学习上已经达到'升堂'的程度了，只是还没做到'入室'。"

［注释］

1　"由之瑟"句："瑟"，古代一种拨弦乐。"为"，做，弹瑟。"丘之门"，我（孔丘）这里。子路性情刚猛，中和不足，弹出的音调过于激越，"有杀伐之声"，不符合孔子的美学理想和道德理想。

2　升堂、入室："堂"，正厅。"室"内室。从入门，到升堂，再到入室，孔子用此来比喻在学习上由浅入深的三个阶段：从入门初步掌握；到有相当高的水平；再到精微深奥的高妙境地。子路已达到第二阶段，很了不起了。

［疏解］

这是孔子对子路刚猛性格又一次予以告诫。（参见11.13）

但当其他弟子因孔子老是批评贬低子路而对子路不够尊敬时，孔子又赶紧出来维护子路的尊严。

11.16　子贡问："师与商也孰贤？"子曰："师也

过，商也不及。”曰：“然则师愈与[1]？”子曰：“过犹不及。”

［译文］

子贡问：“颛孙师和卜商谁好一些？”夫子说：“师呢，过了；商呢，不够。”（子贡）说：“那么是师（比较）好一些吗？”夫子说：“过了和不够，是一样不好的。”

［注释］

1 愈：胜过，更好些，强一些。与：同“欤”，语气助词，表疑问。

［疏解］

孔子是在说“中庸”。

11.17 季氏富于周公[1]，而求也为之聚敛而附益之。子曰：“非吾徒也，小子鸣鼓而攻之可也。”

［译文］

季氏的富有已经违背了周公之典，而冉求还为季氏聚敛来增加他的财富。夫子说：“（冉求）不再是我的门徒了，你们敲着鼓去攻击他好了。”

［注释］

1 周公：周公旦。一说泛指周天子左右的公卿。

［疏解］

《孟子·离娄》上：孟子曰："求也为季氏宰，无能改于其德，而赋粟倍他日。孔子曰：'求非我徒也，小子鸣鼓而攻之可也。'由此观之，君不行仁政而富之，皆弃于孔子者也。"以是言之，非孔子绝冉求，乃冉求绝孔子也。冉求确实有自暴自弃的倾向。参6.12之：冉求曰："非不说子之道，力不足也。"子曰："力不足者，中道而废。今女画。"

11.18 **柴也愚[1]，参也鲁[2]，师也辟[3]，由也喭[4]。**

［译文］

高柴愚直，曾参迟钝，颛孙师偏激，仲由莽撞。

［注释］

1 柴：姓高，名柴，字子羔。

2 参也鲁："参"，曾参。

3 师也辟："师"，颛孙师。"辟"，通"僻"，偏于一隅，偏激。

4 由也喭："由"，仲由。"喭"（yàn），粗鲁，莽撞。

［疏解］

这是孔子对他几个弟子天赋气质与性情的评价。

孔子了解这些学生，然后才能因材施教。

11.19 子曰：“回也其庶乎[1]，屡空[2]。赐不受命[3]，而货殖焉，亿则屡中[4]。”

［译文］

夫子说：“颜回嘛，道德学问都差不多了吧，可是常常穷得没办法。端木赐不听我话，去做买卖，预测（市场行情）却常常能猜中。”

［注释］

1 庶：庶几，差不多。

2 空：指贫乏，困穷，穷得没办法。

3 不受命：不受教命，即不听老师教导。

4 亿：同“臆”。估计，猜测。

［疏解］

道德学问与富贵往往无关，颜渊道德学问高于端木赐，但端木赐是豪富，颜渊是赤贫。

11.20 子张问善人之道。子曰："不践迹，亦不入于室。"

[译文]

子张问做善人的途径。夫子说："（善人当然没有一定的规则，所以也）不必亦步亦趋，（但是，没有一个榜样的引导）也还不能'入室'。"

[疏解]

此则意思颇周折，姑增字译如上。

11.21 子曰："论笃是与[1]，君子者乎？色庄者乎[2]？"

[译文]

夫子说："那些总是称述言论平实持重的人，是真正的君子呢？还是仅仅在神色上伪装持重的（乡愿）呢？"

[注释]

1 论笃是与：即"与论笃"。"论笃"，言论诚恳笃实。"与"，赞许。"是"无实义，起帮助"论笃"这一宾语提前的语法作用。

2 色庄：神色庄重。这里指做出一副庄重的样子。

［疏解］

孔子深察社会，深察人心，看多了世道人心，看多了人的种种伪装与把戏，所以往往能火眼金睛，一针见血。

11.22 子路问："闻斯行诸[1]？"子曰："有父兄在，如之何其闻斯行之？"冉有问："闻斯行诸？"子曰："闻斯行之。"公西华曰："由也问'闻斯行诸'，子曰'有父兄在'；求也问'闻斯行诸[2]'，子曰'闻斯行之'。赤也惑[3]，敢问。"子曰："求也退，故进之。由也兼人[4]，故退之。"

［译文］

子路问："听到了道理就马上行动起来吗？"夫子说："有父兄在，如何能（不请教）就马上行动呢？"冉有问："听到了道理就马上行动起来吗？"夫子说："听到了就应该马上行动。"公西华（问夫子）说："仲由问'听到了就马上行动吗'，您说'有父兄在'；冉求问'听到了就马上行动吗'，您却说'听到了就该马上行动'。（两人问的问题一样，您的回答却不一样），我很迷惑，斗胆问问（为什么）。"夫子说："冉求做事常犹豫不决、畏缩不前，所以要鼓励他；仲由勇气逼人、行动莽撞，所以要抑制他。"

［注释］

1 斯：代词。这里代指道理，义理，应该做的事。诸：“之乎”二字的合音。

2 求：即冉有。

3 赤：即公西华。

4 兼人：勇气逼人，盛气凌人。

［疏解］

这是最典型的“因材施教”的例子。

11.23　子畏于匡，颜渊后。子曰：“吾以女为死矣。”曰：“子在，回何敢死？”

［译文］

孔子在匡地受到围困拘禁，逃出后颜渊（掉队）最后才赶上。夫子（十分后怕）说：“我以为你已经死了啊。”（颜渊）说：“夫子健在，我怎么敢死呢？”

［疏解］

匡人围困，师生突围，颜渊在后，知老师尚在，故不轻易赴死。《曲礼》：“父母在，不许友以死。”颜渊视孔子如父，父在，他岂能轻易赴死？

11.24 季子然问[1]："仲由、冉求可谓大臣与？"子曰："吾以子为异之问[2]，曾由与求之问[3]！所谓大臣者，以道事君，不可则止。今由与求也，可谓具臣矣[4]。"曰："然则从之者与？"子曰："弑父与君，亦不从也！"

［**译文**］

季子然问："仲由、冉求可以说是大臣吗？"夫子说："我以为你来问别的事，原来是问仲由和冉求啊！所谓大臣，是能够用正道事奉君主的，如果不能这样，就宁可辞职不干。现在仲由和冉求，只可以说是处理具体事务的臣子。"（季子然）说："那么（他们会）事事顺从（季氏）吗？"夫子说："弑父弑君（那种事），也是不会顺从的！"

［**注释**］

1 季子然：鲁国季氏的同族人。

2 子：先生。尊称对方。为异之问：问的是另外的人。"异"，不同的，其他的。

3 曾：乃，原来是。

4 具：才具，才能，处理具体事务的能力。

［疏解］

大臣，以道事君，不可则止。

具臣，埋头办事，不问是非。

11.25　子路使子羔为费宰[1]。子曰："贼夫人之子[2]。"子路曰："有民人焉，有社稷焉，何必读书，然后为学？"子曰："是故恶夫佞者。"

［译文］

子路叫子羔去做费县县长。夫子说："这是害了人家孩子！"子路说："那地方有人民，有社稷，何必一定要读书，然后才算学呢？"夫子说："看你的样子，就知道我为什么讨厌巧言狡辩的人。"

［注释］

1 子羔：即高柴。

2 贼：害，坑害。孔子认为子羔年轻，学业未成，让他从政，无异于害他。

［疏解］

一个人，学问不固，年龄不大，就让他去做官，恰恰是害了他。

11.26 子路、曾　、冉有、公西华侍坐[1]。

子曰："以吾一日长乎尔，毋吾以也[2]。居则曰[3]：'不吾知也！'如或知尔，则何以哉？"

子路率尔而对曰[4]："千乘之国，摄乎大国之间[5]，加之以师旅[6]，因之以饥馑[7]，由也为之，比及三年[8]，可使有勇，且知方也[9]。"

夫子哂之[10]。

"求！尔何如？"

对曰："方六七十，如五六十，求也为之，比及三年，可使足民。如其礼乐，以俟君子[11]。"

"赤！尔何如？"

对曰："非曰能之，愿学焉。宗庙之事，如会同[12]，端章甫[13]，愿为小相焉[14]。"

"点！尔何如？"

鼓瑟希，铿尔，舍瑟而作[15]，对曰："异乎三子者之撰[16]。"

子曰："何伤乎？亦各言其志也。"

曰："莫春者，春服既成，冠者五六人，童子六七人，浴乎沂，风乎舞雩，咏而归[17]。"

夫子喟然叹曰："吾与点也！"

三子者出，曾　后。曾　曰："夫三子者之言何如？"

子曰："亦各言其志也已矣。"

曰："夫子何哂由也？"

曰："为国以礼，其言不让，是故哂之。"

"唯求则非邦也与？"

"安见方六七十如五六十而非邦也者？"

"唯赤则非邦也与？"

"宗庙会同，非诸侯而何？赤也为之小，孰能为之大？"

［**译文**］

子路、曾皙、冉有、公西华，陪孔子闲坐着。

夫子说："不要因为我比你们年长一些，就拘束而不敢畅所欲言。（你们）平时总是说：'人家不了解我啊！'假如有人了解你们（要任用你们），那么（你们）以什么方法来证明自己呢？"

子路轻率地抢着回答说："一个拥有一千辆兵车的国家，夹在大国之间，受到别国军队的侵犯，又遇上凶年饥荒，我去治理，等到三年，就可以使人民勇敢，而且知道遵守礼义。"

夫子对他轻微一笑。

（夫子又问：）"冉求，你如何呢？"

（冉求）回答说："一个方圆六七十里，或者五六十里的小国，让我去治理，等到三年，可以使人民富足。至于礼乐教化方面，那要等待君子去实行了。”

（夫子又问：）“公西赤，你如何呢？”

（公西赤）回答说：“不敢说我能够做到什么，但我愿意学着去做。在宗庙祭祀的时候，或者诸侯会盟时，我穿上礼服，戴上礼帽，希望能做一个小傧相。”

（夫子又问：）“曾点，你如何呢？”

（曾点正在弹瑟，听到孔子问他，）瑟声稀疏下来，“铿”的一声放下瑟，站起身来，回答说：“（我的志向）和他们三位不同。”

夫子说：“那又有什么妨碍呢？也就是各人谈谈自己的志向罢了！”

（曾点）说：“暮春时节，春天的服装已经做成，和五六个成年人，六七个少年，去沂河洗洗澡，到舞雩台上吹吹风，再一路唱着歌回来。”

夫子长叹了一声，说：“我赞成曾点啊。”

三人出去了，曾皙留在后面。曾皙（问夫子）说：“他们三位说的话如何呢？”

夫子说：“也就是各人谈谈自己的志向罢了。”

（曾皙）说：“先生为何笑仲由呢？”

（夫子）说：“治理国家要讲礼让，他连说话都不谦让，所以笑他。”

（曾皙又问）：“难道冉求所讲的不是治国之事吗？”

（夫子说：）“哪里见得方圆六七十里或者五六十里的地方就不是国家呢？”

（曾皙又问：）“难道公西赤所讲的不是治国之事吗？”

（夫子说：）“宗庙祭祀，诸侯会盟，那不是诸侯之事又是什么呢？如果公西赤只能做一个小傧相，谁还能做大傧相呢？”

［**注释**］

1 曾皙（xī）：姓曾，名点，字子皙。曾参的父亲。也是孔子的弟子。

2 以吾一日长乎尔，毋吾以也：把句子调整为“毋以吾一日长乎尔，以也”，意思就明白了。“以”，同“已”，停止。

3 居：平时，平素。

4 率尔：轻率地，急忙地。

5 摄：夹在中间。

6 加之以师旅：以师旅加之。即受别国军队的侵犯。

7 因之以饥馑：以饥馑因之。即国内又发生了饥荒。

8 比及：等到。

9 知方：懂得道义，遵守礼义。

10 哂（shěn）：微笑，轻微的讥笑。

11 俟（sì）：等待。

12 会同：诸侯会盟。

13 端章甫："端"，礼服。"章甫"，礼帽。这里都作动词用，穿上礼服，戴上礼帽。

14 相：傧相，行赞礼的人员。有"小相""大相"之别。

15 作：站起身来。

16 三子：三位。"子"是对同学的总称。撰：同"譔"，说的话。

17 莫：同"暮"。冠者：成年人。沂（yí）：水名。风：作动词用，吹风，乘凉。舞雩（yú）：鲁国国君求雨的祭坛。

［疏解］

这是《论语》中最长的一篇。孔门师徒的性情在其中显现得惟妙惟肖。

颜渊篇第十二

12.1　颜渊问仁。子曰："克己复礼为仁[1]。一日克己复礼，天下归仁焉[2]。为仁由己，而由人乎哉？"颜渊曰："请问其目[3]。"子曰："非礼勿视，非礼勿听，非礼勿言，非礼勿动[4]。"颜渊曰："回虽不敏，请事斯语矣。"

［译文］

颜渊问仁。夫子说："克己复礼，就是仁。一旦做到克己复礼，天下就都赞许你是仁人了。实行仁，在于自己，难道还在于别人吗？"颜渊说："请问仁的要点。"夫子说："非礼勿视，非礼勿听，非礼勿言，非礼勿动。"颜渊说："我虽然不聪敏，请让我照这几句话去做吧。"

［注释］

1 克己复礼：克制自己的私欲，恢复周礼。

2 归仁：归仁于你，“称仁”的意思。

3 目：具体要点。

4 动：既有“做”的意思，又有“心动”之意，则“不动”，即孟子所谓“不动心”。

［疏解］

孔子的回答可以被称为仁学的“三纲四目”：三纲：一纲：“克己复礼为仁”，说的是仁之义；二纲：“一日克己复礼，天下归仁焉”，说的是仁之效；三纲：“为仁由己，而由人乎哉？”说的是仁之本。而接下来的“非礼”四说即是四目，颜渊曰夫子“约我以礼”（9.11），在此有了注脚。

12.2 仲弓问仁[1]。子曰：“出门如见大宾，使民如承大祭。己所不欲，勿施于人。在邦无怨，在家无怨[2]。”仲弓曰：“雍虽不敏，请事斯语矣。”

［译文］

仲弓问仁。夫子说：“出门做事如同去接待贵宾，差遣人民如同去承当重大祭祀。自己不愿意承受的，不要强加给别人。仕于诸侯无怨言，侍奉大夫无怨言。”仲弓说：“我虽然不聪敏，请让我照这几句话去做吧。”

［注释］

1 仲弓：即冉雍。

2 刘宝楠《正义》：“在邦谓仕于诸侯之邦，在家谓仕于卿大夫家也。”杨逢彬《论语新注新译》：“《论语》时代的典籍中，‘家’在与‘邦’‘国’并言时，多指卿大夫或其采邑，鲜有例外。”

［疏解］

孔子对仲弓的回答，与上章对颜渊的回答在内涵上非常接近。表达上却有很大的不同：对颜渊所说，提纲挈领，要言不烦，点到为止，基本是原则性的；而对仲弓所说，则直指门径，都是操作层面的指导。盖颜渊仲弓，天赋有别，孔子不过因材施教而已。

12.3 司马牛问仁[1]。子曰：“仁者，其言也讱[2]。”曰：“其言也讱，斯谓之仁已乎？”子曰：“为之难，言之得无讱乎？”

［译文］

司马牛问（怎样是）仁。夫子说：“仁人，话语迟缓。”（司马牛）说：“话语迟缓，就称作仁了吗？”夫子说：“（凡事）做起来都是困难的，说话能不迟缓一些（以便考虑周到）吗？”

［注释］

1 司马牛：孔子弟子。姓司马，名耕，一名犁，字子牛。相传是宋国大夫桓魋（tuí）的弟弟。

2 讱（rèn）：言语迟缓，引申为虑事周详说话慎重，不轻易开口。

［疏解］

本篇写了四人问仁（12.1；12.2；12.3；12.22）孔子回答各不相同，大致都是针对各人不同性情而作答，而并非对“仁”之概念做内涵上的客观说明。

12.4　司马牛问君子。子曰：“君子不忧不惧。”曰：“不忧不惧，斯谓之君子已乎？”子曰：“内省不疚，夫何忧何惧？”

［译文］

司马牛问君子是什么样的。夫子说：“君子不忧不惧。”（司马牛）说：“不忧不惧，就称为君子了吗？”夫子说："自己反省而问心无愧，那还忧愁什么、畏惧什么？"

[疏解]

不忧不惧，是因为内省不疚。而内省不疚、问心无愧，仰不愧于天、俯不怍于人，就是君子。

12.5 司马牛忧曰："人皆有兄弟，我独亡。"子夏曰："商闻之矣：死生有命，富贵在天。君子敬而无失，与人恭而有礼，四海之内，皆兄弟也。君子何患乎无兄弟也？"

[译文]

司马牛忧愁地说："人人都有兄弟，唯独我没有。"子夏说："我听夫子说了：'死生有命，富贵在天。'君子认真谨慎没有过失，对人恭敬而有礼貌，四海之内的人，都会成为兄弟的。君子何必担心没有兄弟呢？"

[疏解]

从这一章司马牛之"忧"，可以反观上一章孔子为什么要对他的君子之问答以"不忧不惧"——孔子是为了解释和宽慰司马牛心中的忧惧之情。

12.6 子张问明。子曰：“浸润之谮[1]，肤受之愬[2]，不行焉[3]，可谓明也已矣。浸润之谮，肤受之愬，不行焉，可谓远也已矣[4]。”

[译文]

子张问（怎样是）明察。夫子说：“如水一般浸透而来（无孔不入）的谗言，切肤之痛般的诬告，对你行不通，就可以说你足够明察了呢。如水一般浸透而来的谗言，切肤之痛般的诬告，对你行不通，就可以说你足够有远见了呢。”

[注释]

1 浸润之谮：无孔不入却又如雨点滴而来、如水渐渐浸透般的诬陷。

2 肤受之愬：如切肤之痛的诽谤。“愬”，诽谤。

3 不行：行不通。

4 远：看得远，指看问题视野开阔，了解前因后果，具有历史眼光。

[疏解]

明察秋毫也好，远见卓识也好，都不是指视力，而是指一个人对是非、美丑、真伪等的判断力。

12.7　子贡问政。子曰："足食，足兵，民信之矣。"[1]子贡曰："必不得已而去，于斯三者何先？"曰："去兵。"子贡曰："必不得已而去，于斯二者何先？"曰："去食。自古皆有死，民无信不立。"[2]

［**译文**］

子贡问政。夫子说："粮食充足，军备充足，人民的信任充分。"子贡说："如果在不得已的情况下一定要去掉一项，在这三项中哪一项先去掉呢？"夫子说："去掉军备。"子贡说："如果不得已还要去掉一项，在（剩下的）这两项中去掉哪一项呢？"夫子说："去掉粮食。自古以来人都是要死的，但如果没有人民的信任，国家是立不住的。"

［**注释**］

1 兵：兵器，武器。这里指国家的常规军备。民信之矣：意为"已然获得的人民的信任"，不是"人民就信任你了"的意思。

2 这一章有一个逻辑上的问题，主要是三者的关系。一般都把前两者"足食足兵"作为第三者"民信之"的条件，如钱穆《论语新解》这样解释："仓廪实、武备修，然后教化行，能使其民对上有信心。"其翻译是："先求充足粮食，次乃讲究武备，民间自然信及此政府了。"但既然前二者是后面“民信之”的条件，则“去食去兵”之后，民也就没有了“信及政府”的条件，政府也就“失信”于民了。按：子贡明言“三者”，分别为足食、足兵、民信，孔子也据此作答，显然他们都认为三者是并列关系而非条件关系。所以，原文“民信之矣”，应为“已然获得的人民的信任”。三者是：政府有充足的粮食储备，有充足的常备武力，有人民的充分信任。如此理解，才能解释后面的“必不得已而去，于斯三者何先”的问题：已然获得，才是国家的凭依；已然获得，也才可以谈舍弃。

［疏解］

非子贡不能作如此问。非孔子不能作如此答。

12.8　棘子成曰[1]：“君子质而已矣，何以文为？”子贡曰：“惜乎，夫子之说君子也！驷不及舌[2]。文犹质也，质犹文也。虎豹之鞟犹犬羊之鞟[3]。”

［译文］

棘子成说：“君子只要本质好就行了，要文采干什么？”子贡说：“可惜呀，先生您竟这样解释君子！连驷车也无法追回你舌头一动说错的话。文就是质，质就是文（两者怎能分开？）。去掉毛色的虎豹皮，与去掉毛色的犬羊皮就很相似了（毛色花纹的不同就是虎豹与犬羊质的不同）。”

［注释］

1 棘子成：卫国的大夫。

2 驷（sì）不及舌：“驷”，四匹马拉的车。“舌”，指说出口的话。话一说出口，是追不回来的。

3 鞟（kuò）：同“鞹”，去掉了毛的兽皮。

［疏解］

这一章讨论的是“君子”的文质关系，不是“所有人”的文质关系。

君子内心仁慈恭敬，必有其外貌之恭顺与仁慈之行为。

君子待人接物一团和气，必因其内在之礼义恭谨。

12.9 哀公问于有若曰[1]：“年饥，用不足，如之何？”有若对曰：“盍彻乎[2]？”曰：“二[3]，吾犹不足，如之何其彻也？”对曰：“百姓[4]足，君孰与不足？百姓不足，君孰与足？”

［译文］

鲁哀公向有若问道：“年成不好有饥荒，（国家财政）用度不足，怎么办呢？”有若回答说：“为何不实行十分抽一的‘彻’税法呢？”（哀公）说：“十分抽二的田税，我还不够用，如何能实行十分抽一的‘彻’税法呢？”（有若）说：“百姓富足了，国君怎会不足？百姓不富足，国君怎么会足？”

［**注释**］

1 有若：见1.2注。

2 盍（hé）：何不，为什么不。 彻：西周的田税制度。国家从耕地的收获中抽取十分之一作为田税。

3 二：国家从耕地的收获中抽取十分之二作为田税。鲁国自宣公十五年（公元前594年）起，废除“彻”法，实行以“二”抽税。

4 《书·泰誓中》：“百姓有过，在予一人。”孔颖达疏：“此‘百姓’与下‘百姓懔懔’皆谓天下众民也。”

［**疏解**］

有若的幽默感。

12.10 子张问崇德辨惑。子曰：“主忠信，徙义[1]，崇德也。爱之欲其生，恶之欲其死，既欲其生，又欲其死，是惑也。‘诚不以富，亦只以异[2]。’”

［译文］

子张问怎样提高品德，辨别迷惑。夫子说："以忠诚信实为主，服从义，就是提高品德。喜爱一个人恨不能让他起死回生，厌恶一个人恨不得让他马上死去，既要他活，又要他死，这就是迷惑。（《诗经》上说：）'即使真的不是因为嫌贫爱富，也是因为见异思迁。'"

［注释］

1 徙义：指向义迁移，靠拢义，服从义。

2 "诚不"句：出自《诗经·小雅·我行其野》。意思是：（你这样对待我）即使真的不是嫌贫爱富，也是喜新厌旧。但这两句诗在此，与上文意思不连贯，可能是错简而误编在此处。程颐认为这两句应在16.12节中。参见16.12。

［疏解］

惑，往往不是客观事物难辨别，而是主观情绪难控制。

12.11　齐景公问政于孔子。孔子对曰："君君，臣臣，父父，子子。"公曰："善哉！信如君不君，臣不臣，父不父，子不子，虽有粟，吾得而食诸？"

[译文]

齐景公向孔子问如何治理国家，孔子回答说："君要像君的样子，臣要像臣的样子，父要像父的样子，子要像子的样子。"齐景公说："说得好啊！果真是君不像君，臣不像臣，父不像父，子不像子，虽然有粮食，我能得到而享用吗？"

[疏解]

孔子要人各安本分，各尽其责。

道德永远是双方的，对等的，没有单向的权利或义务，如果有，那就是不道德的。

12.12 **子曰："片言可以折狱者[1]，其由也与！"子路无宿诺[2]。**

[译文]

夫子说："仅根据（原、被告双方之中）一方的言辞就可以断案的，大概只有仲由吧！"子路没有什么诺言过夜以后再兑现的。

[注释]

1 片言：指原告被告双方中一方的言辞。"片"，单方面的。折：断，判断。狱：讼事，案件。

2 无宿诺：没有隔夜再兑现的许诺。“宿”，隔夜。

［疏解］

孔子对子路的揶揄之词。

12.13 子曰：“听讼[1]，吾犹人也。必也使无讼乎！”

［译文］

夫子说：“如果仅仅是去审理案件，我还如同别人一样。我的理想是要让天下没有诉讼啊！

［注释］

1 听讼：处理诉讼。“听”，判断，审理，处理。

［疏解］

孔子的理想不是去做一个好法官，而是做一个导师，引导人民有仁德、讲信义，从而消除诉讼。

法庭之上，无论有多么专业的法官，永远不可没有圣人和上帝。人间社会，无论有多少成文法典，永远不可或缺《论语》和《圣经》。

12.14 子张问政。子曰："居之无倦，行之以忠。"

［译文］

子张问怎样为政。夫子说："在职不松懈倦怠，以尽心尽力尽责的态度履行政务。"

［疏解］

子张才高意广，有时不够踏实，不愿做实际工作。所以孔子要他从做好一个勤勉而忠心的小公务员着手。

12.15 子曰："博学于文，约之以礼，亦可以弗畔矣夫。"

［译文］

夫子说："广博地学习文化典籍，用礼来约束自己的行为，就可以不违背（道德）了吧！"

［疏解］

此节与6.27基本重复。参见6.27疏。

12.16 子曰："君子成人之美，不成人之恶。小人

反是。”

[译文]

夫子说：“君子助成别人的好事，不帮着别人做成坏事。小人与此相反。”

[疏解]

助成别人的好事，是让别人成功，也是让别人成仁。此君子为之。

助成别人的坏事，是让别人身败，也是让别人名裂。此小人为之。

12.17 **季康子问政于孔子。孔子对曰：“政者，正也。子帅以正，孰敢不正？”**

[译文]

季康子向孔子问怎样为政。孔子回答道：“政，就是正。您带头走正道，谁敢不走正道？”

[疏解]

政者，正也——用合法正当的手段推行公正和正义，倡导公平和平等，这才是政治。

12.18 季康子患盗，问于孔子。孔子对曰：“苟子之不欲[1]，虽赏之不窃。”

［译文］

季康子为盗贼烦恼，向孔子询问（该怎么办）。孔子回答说：“假如您不贪，就是奖励盗窃，也没有人去干。”

［注释］

1 苟（gǒu）：假如，如果。

［疏解］

孔子这句话可以和《道德经》第七十五章对照读：“民之饥，以其上食税之多，是以饥。民之难治，以其上之有为，是以难治。民之轻死，以其上求生之厚，是以轻死。”

12.19 季康子问政于孔子，曰：“如杀无道以就有道，何如？”孔子对曰：“子为政，焉用杀？子欲善，而民善矣。君子之德风，小人之德草。草上之风，必偃[1]。”

［译文］

季康子向孔子询问如何为政，说：“如果我杀戮无道的坏人来迫使人民走上正道，可以吗？”孔子回答说：“您执政，哪里用得着杀人呢？您要是行善政，百姓自然也就善了！君子的品德如同风，小人的品德如同草。草上有风吹过，草必然（随风）顺伏。”

［注释］

1 偃（yǎn）：仆倒，倒下。

［疏解］

杀人的政治是最野蛮的政治。

12.20　子张问：“士何如斯可谓之达矣[1]？”子曰：“何哉，尔所谓达者？”子张对曰：“在邦必闻，在家必闻[2]。”子曰：“是闻也，非达也。夫达也者，质直而好义，察言而观色，虑以下人。在邦必达，在家必达。夫闻也者，色取仁而行违，居之不疑。在邦必闻，在家必闻。”

［译文］

子张问：“士，怎么样才可以叫作‘达’？”夫子说：“你所说的‘达’指什么？”子张回答说：“在邦国一定有名声，在封邑一定有名声。”夫子说：“这是名声，而不是达。至于达么，是质朴正直而好礼义，善于察言观色，经常想着对人谦恭。这样的人在邦国一定达，在家族一定达。至于名声么，表面上装得仁德，而行为正相反，还自以为是不反省。这样的人在国一定有名声，在家一定有名声。”

［注释］

1 达：通达，显达。

2 邦：诸侯国。家：大夫的封邑。闻：有名声，名望。

［疏解］

达是内心的通达。闻是虚名的广布。

达是自在，闻是存在。自在是自我的圆满。存在是他人的注意。

12.21 樊迟从游于舞雩之下，曰：“敢问崇德，修慝[1]，辨惑。”子曰：“善哉问！先事后得，非崇德与？攻其恶，无攻人之恶，非修慝与？一朝之忿，忘其身，以及其亲，非惑与？”

［译文］

樊迟陪着孔子优游于舞雩台下，说：“我大胆地问一问如何才能提高品德、消除邪念、辨清迷惑。”夫子说：“问得好啊！先努力做，后考虑得，不就是提高品德吗？批判自己的错误，不攻击别人的缺点，不就是消除内心的恶吗？一时气愤，就忘掉自身安危，甚至连累自己的父母，不就是迷惑吗？”

［注释］

1 修：消除。慝（tè）：隐藏在内心的邪念。

［疏解］

此章当与12.10对看。

关于“惑”，孔子提到的，是这样的三个字：

“爱”“恶”“忿”。这三个字和“惑”字，字形里都有一个“心”字在。孔子是在告诉我们：惑在心而不在物，在内而不在外，在己而不在他。

12.22　樊迟问仁，子曰：“爱人。”问知，子曰：“知人。”樊迟未达[1]。子曰：“举直错诸枉[2]，能使枉者直。”樊迟退，见子夏，曰：“乡也[3]，吾见于夫子而问知[4]，子曰：‘举直错诸枉，能使枉者直’，何谓也？”子夏曰：“富哉言乎！舜有天下，选于众，举皋陶[5]，不仁者远矣[6]。汤有天下[7]，选于众，举伊尹[8]，不仁者远矣。”

［译文］

樊迟问什么是仁，夫子说："爱人。"问什么是智，夫子说："知人。"樊迟未能透彻理解。夫子（补充）说："推举正直的人安置在邪曲的人之上，这样就能使邪曲的人转化为正直的人。"樊迟退出来，见到子夏，说："刚才我见到夫子，问什么是仁是智，夫子说：'选举正直的人，安排在邪曲的人之上，这样就能使邪曲的人转化为正直的人'，这话是什么意思呀？"子夏说："多么丰富而深刻的话啊！舜有了天下，在众人中选拔人才，推举了皋陶，不仁的人就少了。汤有了天下，在众人中选拔人才，推举了伊尹，不仁的人就少了。"

［注释］

1 未达：还没完全明白，没透彻理解。

2 错诸枉：置于邪恶的人之上。参见2.19。

3 乡：通"向"，从前，刚才。

4 问知：应该是"问仁问知"的简省说法。

5 皋陶（gāo yáo）：传说舜时大臣，很贤明。

6 远：此处的"远"不能拘泥于字面来理解。因为孔子此处讲仁、智，且"仁者爱人"，对"不仁者" 当然只能教化而不能抛弃。所以我译为"少"。

7 汤：商朝开国君主。

8 伊尹：名挚，汤的“阿衡”（即宰相），很贤明。

［疏解］

樊迟求道求知学而不厌，老师同学弘道施教诲人不倦，孔门师徒在学问上的切磋琢磨，表现得很典型。

12.23 子贡问友。子曰：“忠告而善道之，不可则止，毋自辱焉。”

［译文］

子贡问交友之道。夫子说：“给朋友忠诚的劝告和委婉恰当的开导，他不听，就算了，不要自找侮辱。”

［疏解］

参见4.26。

12.24 曾子曰：“君子以文会友，以友辅仁。”

［译文］

曾子说：“君子以文章学问来聚集结交朋友，又用朋友的切磋交流来培养仁德。”

[**疏解**]

君子要交益友，交友的方法：以文；交友的目的：辅仁。

子路篇第十三

13.1　子路问政。子曰："先之[1]，劳之[2]。"请益。曰："无倦。"

［译文］

子路问怎样为政。夫子说："自己先领头去干，然后再让老百姓干。"（子路）请求多讲一点。（孔子）说："永远不要懈怠。"

［注释］

1 先之：为之先，率先垂范，以身作则。"之"，代词，指百姓。

2 劳之：使之劳。让老百姓干。

[疏解]

子张问政，孔子以“无倦”答之（12.14），子路问政，孔子又以“无倦”答之。“无倦”，确实是从政者的重要素质。

13.2 仲弓为季氏宰，问政。子曰：“先有司[1]，赦小过，举贤才。”曰：“焉知贤才而举之？”子曰：“举尔所知；尔所不知，人其舍诸[2]？”

[译文]

仲弓担任季氏的总管，问怎样为政。夫子说：“做事先给有关官员带个头，宽赦他们的小错误，推举贤良的人才。”（仲弓）说：“怎么能知道谁是贤才而选拔他们呢？”夫子说：“选拔你所知道的；你所不知道的，别人难道不能推举他吗？”

[注释]

1 有司：有关官员，有关职能部门。

2 舍：舍弃，放弃。这里指不推举。

[疏解]

“举尔所知”，是对个人能力的限制性否定性表述。

“赦小过”，是对行政力量的限制性否定性表述。

“赦小过”与“举尔所知”，显示出孔子对全能政治家和全能政府之不屑。因为，无论政治家还是政府，“全能”不仅不可能，而且最终伤及行政伦理，最终不是“全能”，只是“全权”——独占所有社会资源，窒息所有社会创新，阻滞社会进步发展。

13.3　子路曰：“卫君待子而为政[1]，子将奚先[2]？”子曰：“必也正名乎[3]！”子路曰：“有是哉，子之迂也，奚其正？”子曰：“野哉，由也！君子于其所不知，盖阙如也[4]。名不正则言不顺，言不顺则事不成，事不成则礼乐不兴，礼乐不兴则刑罚不中，刑罚不中则民无所措手足。故君子名之必可言也，言之必可行也。君子于其言，无所苟而已矣[5]。”

［译文］

子路（对孔子）说：“（假如）卫君等待您去治理国政，您将先做什么事？”夫子说：“必须先正名分吧。”子路说：“您还真是太迂腐了，怎么个正法？”夫子说：“真是粗野啊，仲由！君子对自己所不知道的事情，一般总得抱着存疑的态度。（你怎么就这么敢胡说呢？）名分不正，称谓就不顺；称谓不顺，事务就办不成；事务办不成，礼乐制度就不能兴建起来；礼乐制度兴建不起来，刑罚的执行就不会恰当；刑罚执行不恰当，人民就手足无措。所以，君子确定的名分必须可以用来称谓和指代，指代（的对象）也一定可以行得通。君子对自己所说的话，只是不草率马虎罢了。”

［注释］

1 卫君：卫出公辄。卫灵公之孙，卫后庄公（蒯聩）之子。鲁哀公二年（公元前493年），卫灵公去世，太子蒯聩此时被逐在晋，夫人南子欲立公子郢，公子郢不愿继位，于是立太子蒯聩之子辙，是为卫出公。晋国国卿赵鞅亲自护送蒯聩回国与自己的儿子争夺君位，出公派兵阻止父亲回国。以此形成父子争国的闹剧。孔子针对他，提出要治理卫国，必先“正名”，以明确“君君臣臣父父子子”的关系。参见7.15；12.11。

2 奚：何，什么。

3 正名：纠正礼制、名分上的用词不当。“名”，名分，名称。下文“言”，相应译为“称谓”，“指代”。

4 阙如：存疑，对还没搞清楚的疑难问题暂时搁置，不下判断。“阙”，同“缺”。

5 苟：苟且，随便，马虎。

［疏解］

名不正则言不顺——父子之名都不正。作为儿子，出兵阻止父亲回国，师出有名吗？理由正当吗？

言不顺则事不成——如此师出无名，你能坐稳国君之位吗？

事不成则礼乐不兴——个人之事不成还关系不大，作为国君，如此父子相争，成何体统，一国之礼乐制度，从何言起！

礼乐不兴则刑罚不中——礼乐制度破坏了，国家的根本制度、奖惩法则，都将失去依据。

刑罚不中则民无所措手足——国家的导向失去依据，人民的行为也将失去方向和准则。

13.4　樊迟请学稼。子曰："吾不如老农。"请学为圃[1]。曰："吾不如老圃。"樊迟出。子曰："小人哉，樊须也！上好礼，则民莫敢不敬；上好义，则民莫敢不服；上好信，则民莫敢不用情。夫如是，则四方之民襁负其子而至矣[2]，焉用稼？"

［译文］

樊迟（向孔子）求教种庄稼。夫子说："我不如老农。"（樊迟）求教种菜。（孔子）说："我不如老菜农。"樊迟出去了。夫子说："小人啊，樊须！如果政府重视礼，百姓就不敢不尊敬；如果政府重视义，百姓就不敢不服从；如果政府重视信，百姓就不敢不说出真情实况。假如做到这样，四方的百姓就会背着他们的小孩前来投奔，哪里用得上自己去种庄稼呢？”

［注释］

1 圃（pǔ）：菜地，菜园。

2 襁（qiǎng）：背婴儿的背带、布兜。

［疏解］

人之一生，有三种需求，也因此有三种境界：谋生，谋智与谋道。谋生为养活自我，谋智为认知世界，谋道为认同价值。与之相应的学习或教育，则分别对应为技术（专业）、知识和价值。谋生、谋智固是为人之必须，而无价值约束之谋生，无价值操守之谋智，其灾难性后果，今日之中国人，当感受更为亲切而痛切。

13.5 子曰："诵《诗》三百，授之以政，不达[1]；使于四方，不能专对[2]，虽多，亦奚以为[3]？"

［译文］

夫子说："熟读《诗经》三百篇，把政事交给他，却不能通晓；派他出使四方，却不能独立地处理外交事务，读得虽然很多，又有什么用？”

［注释］

1 达：通达，通晓。

2 专对：独对，即独自随机应变地处理复杂外交事务的能力。

3 以：用。为：句末语助词，表示感慨或疑问。

［疏解］

读书，不是为了把书读懂，是为了借书读懂人生，读懂社会。读书，不是为了记诵文句，而是要借此提升自己，完善自己。读书，不是为了知道书中有什么，而是要借此让自己成为什么，成就什么。

13.6　子曰：“其身正，不令而行；其身不正，虽令不从。”

［译文］

夫子说：“本身行得正，就是不发命令，人民也会照着去做；本身品行不正，即使三令五申，人民也不会听从。”

［疏解］

道理浅显明白。可互看2.13、13.1和13.13。

13.7 子曰："鲁卫之政，兄弟也。"

［译文］

夫子说："鲁国、卫国的政治状况，犹如一对难兄难弟啊。"

［疏解］

鲁国的先祖是周公姬旦，卫国的始封君是周公的弟弟康叔。所以，鲁卫两国，是兄弟之国。

13.8 子谓卫公子荆："善居室[1]。始有，曰：'苟合矣[2]。'少有，曰：'苟完矣。'富有，曰：'苟美矣。'"

［译文］

夫子说卫国的公子荆："他善于管理家业。开始有些财产时，（公子荆）说：'差不多合乎我的要求了。'财产稍有增加时，（他）说：'差不多完备了。'到财产富足时，说：'差不多是非常美好了'。"

［注释］

1 公子荆：卫国的大夫，字南楚。善居室：善于管理家业。

2 苟：差不多，也算是。

［疏解］

善理财很重要；善理欲更重要。

13.9 子适卫，冉有仆[1]。子曰："庶矣哉[2]！"冉有曰："既庶矣，又何加焉？"曰："富之。"曰："既富矣，又何加焉？"曰："教之。"

［译文］

夫子到卫国去，冉有驾车。夫子说："卫国人口众多啊！"冉有说："人口已经多了，下一步怎么做呢？"夫子说："让他们富裕起来。"冉有说："富了以后，又该做什么呢？"夫子说："教育他们。"

［注释］

1 适：往，到，去。仆：此处指驾车。

2 庶（shù）：众多。

［疏解］

冉求善问，孔子善答。问者求知心切，答者思想深邃。

13.10 子曰：“**苟有用我者，期月而已可也**[1]**，三年有成。**”

［译文］

夫子说：“如果有任用我治理国家的，一年过后就可以（有起色了），三年会有成效。”

［注释］

1 期月：周一年十二个月，即一周年。“期（jī）”，周。

［疏解］

话里既有自信与期待，也隐含失望与怀疑。“苟有用我者”，不必有用我者也。

13.11 子曰：“‘**善人为邦百年，亦可以胜残去杀矣。**’**诚哉是言也**[1]！”

［译文］

夫子说：“‘善人治理国家一百年，也就可以克服残暴、免去刑杀了。’真对啊这句话。”

［注释］

1 是：代词，这，此。

［疏解］

自从进入文明社会，对人类生命构成最大威胁的，不再是大自然，不再是毒蛇猛兽，而是人自己，是人类残暴统治者的暴政，以及族群之间的互相残杀。

13.12　子曰：“如有王者，必世而后仁[1]。”

［译文］

夫子说：“如果有王者兴起，必须三十年以后仁德才能流行。”

［注释］

1 世：三十年为一世。

［疏解］

钱穆《论语新解》：“盖旧被恶化之民，经三十年一世而皆尽，新生者渐渍仁道三十年，故其化易成。”

13.13　子曰："苟正其身矣，于从政乎何有？不能正其身，如正人何？"

［译文］

夫子说："如果端正了自身，对从事政治还有什么（困难）呢？不能端正自身，怎能谈得上端正别人呢？"

［疏解］

这是"修身齐家治国平天下"（《大学》）的政治思路，也是"为政以德"的政治理念。

13.14　冉子退朝。子曰："何晏也[1]？"对曰："有政[2]。"子曰："其事也。如有政，虽不吾以[3]，吾其与闻之。"

［译文］

冉求退朝下班。夫子说："为何这么晚呢？"（冉求）回答说："有政务。"夫子说："是一般的事务吧。如果有政务，虽然（国君）不任用我了，我也会知道的。"

［注释］

1 晏（yàn）：晚，迟。

2 政：指方针、政策、法令的制定和颁布及重大外交事务等将影响政治生活的大事。下文“事”，则指一般日常工作事务。

3 吾以：用我。“以”，用。

［疏解］

冉求不知道政事与一般日常工作事务的区别。孔子用这种方法告诉他。

13.15 定公问：“一言而可以兴邦，有诸？”孔子对曰：“言不可以若是其几也[1]。人之言曰：‘为君难，为臣不易。’如知为君之难也，不几乎一言而兴邦乎？”曰：“一言而丧邦，有诸？”孔子对曰：“言不可以若是其几也，人之言曰：‘予无乐乎为君，唯其言而莫予违也。’如其善而莫之违也，不亦善乎？如不善而莫之违也，不几乎一言而丧邦乎？”

［译文］

鲁定公问：“一言而可以兴邦，有这样的话吗？”孔子回答说：“话不可以像这样期望应验。不过人们说：‘做君主难，做臣子也不易。’如果知道做君主的难处，这岂不接近于‘一句话就使国家兴盛’吗？”（鲁定公）说：“一言而丧邦，有这样的话吗？”孔子回答说：“话不可以像这样期望应验。比如人们说‘我做君主并没有什么可高兴的，只是（高兴）我说话没有人违抗。’如果君主说的话正确，而没有人违抗，不也是很好吗？如果说的话不正确，而没有人违抗，这岂不接近于一言而丧邦吗？”

［**注释**］

1 几（jī）：期，期望。意谓一句话不能这样期望它应验。

［**疏解**］

一言兴邦，一言丧邦，是指一些思想观点，在潜移默化中对人产生影响，并通过人而影响国家的安危。

13.16 叶公问政[1]。子曰：“近者说，远者来。”

［**译文**］

叶公问怎样为政。夫子说：“使境内的人民愉快，让境外的人民归附。”

［**注释**］

1 叶公：姓沈，名诸梁，楚国大夫。参见7.19注。

［疏解］

近者悦，远处那些生活不悦者自然会来。人民都来归附，生产有人做，仗也有人打，国家就好治理了。

13.17 子夏为莒父宰[1]，问政。子曰："无欲速，无见小利[2]。欲速则不达；见小利则大事不成。"

［译文］

子夏做了莒父的地方长官，问怎样为政。夫子说："不要求速成，不要贪图小利。欲速则不达；贪图小利，就做不成大事。"

［注释］

1 莒父（jǔ fǔ）：鲁国城邑名，在今山东省莒县境内。

2 无：毋。

［疏解］

不求速成乃是尊重自然。不因为追求政绩而蛮干冒进。

无见小利乃是做大格局。不因纠结于小利而忘失大义。

13.18 叶公语孔子曰："吾党有直躬者[1]，其父攘羊而子证之[2]。"孔子曰："吾党之直者异于是：父为子

隐，子为父隐，直在其中矣。”

［译文］

叶公对孔子说：“我那地方有个正直的人，他的父亲偷了羊，他去告发了。”孔子说：“我那地方正直的人和你所讲的不一样：父亲为儿子隐瞒，儿子为父亲隐瞒，正直的品德就在其中了。”

［注释］

1 直躬者：正直、坦率的人。

2 攘（rǎng）：偷，窃，抢。证：检举，告发。

［疏解］

2011年8月24日十一届全国人大常委会第二十二次会议首次审议的《刑事诉讼法修正案（草案）》中，在增加证人强制出庭作证条文的同时，有一条说明：被告人的配偶、父母、子女除外。这是中国传统的“亲亲互隐”思想在法律上的重新体现。

13.19　樊迟问仁。子曰：“居处恭，执事敬，与人忠。虽之夷狄[1]，不可弃也。”

［译文］

樊迟问怎样是仁。夫子说："在家恭敬；做事敬业；为人忠诚。即使去了夷狄，这些也不可放弃呀。"

［注释］

1 之：动词。到，去，往。

［疏解］

居家恭敬，做事敬业，为人忠诚，这是天下通行的道德，也是通行天下的资本。

13.20 子贡问曰："何如斯可谓之士矣？"子曰："行己有耻，使于四方，不辱君命，可谓士矣。"曰："敢问其次？"曰："宗族称孝焉，乡党称弟焉[1]。"曰："敢言其次？"曰："言必信，行必果。硁硁然小人哉[2]，抑亦可以为次矣。"曰："今之从政者何如？"子曰："噫！斗筲之人[3]，何足算也？"

［译文］

子贡问："如何才算得上'士'？"夫子说："对自己的行为能保持羞耻之心；出使他国，能不辜负君主委托的使命，这样的人，可称为'士'了。"（子贡）说："我冒昧地问，次一等的呢？”（夫子）说：“宗族里的人称赞他孝顺父母，乡里的人称赞他敬爱兄长。”（子贡）说：“我斗胆再问，再次一等的呢？”（夫子）说：“许下诺言后，不问是非曲直，一定守信；做事也不论结果好坏，一定要做到底。这一类糊涂而固执的小人，也可以作为次一等的了。”（子贡）说：“如今从政的人如何呢？”夫子说：“咳！这些器量狭小的人，哪里算得上士？”

［注释］

1 弟：同“悌”，敬爱兄长。

2 硁（kēng）硁然：小石头又坚又方的样子。比喻不问是非曲直，只求所谓“守信”的固执糊涂之徒。

3 斗筲（shāo）：“筲”，盛饭用的小竹器。斗、筲容量都不大。引申来形容人的见识短浅，器量狭小。

［疏解］

在孔子的观念里，士的基本特征是一种品格，而不是一种身份；士的可贵在于承担价值，而不是仕途经济。

13.21 子曰：“不得中行而与之[1]，必也狂狷乎！狂者进取，狷者有所不为也[2]。”

［译文］

夫子说："找不到言行合乎中庸之道的人与他交往，那就一定要同狂者和狷者交往了吧。狂者进取，狷者有所不为呢。"

［注释］

1 中行：中庸的言行。与：交往。

2 狂者：指志存高远、敢作敢为、有进取精神的人。狷（juàn）者：指为人耿直，洁身自好，把握自己绝不肯同流合污的人。有所不为：即有些事（不合仁德、违礼的事）是不做的。

［疏解］

狂者的优点是有救世的热情，弱点是若无节制，则易变得不择手段。

狷者的优点是道德的纯洁，弱点是若无激励，则易流于消极避世。

13.22 子曰："南人有言曰：'人而无恒，不可以作巫医[1]。'善夫！""不恒其德，或承之羞[2]。"子曰："不占而已矣[3]。"

［译文］

夫子说："南方人有句话说：'人如果没有恒心，不可以当巫医。'说得多好啊！"（《易经》上有句话说：）"如果不能持之以恒地保持自己的德行，总有人要承受羞辱。"夫子说："没有恒心的人不用占卦，因为他总要倒霉。"

［注释］

1 巫医："巫"，巫师，能降神占卜的人。"医"，医师。古代巫、医往往合于一身。

2 "不恒"二句：见《易经·恒卦·九三爻辞》。意为：如果不能持之以恒地保持自己的德行，免不了要承受自己招来的羞辱。

3 占：占卜，算卦。孔子这句话的意思是：没有恒心的人一定会遇凶，这用不着占卜就会知道。

［疏解］

祸福无门，唯人自召。与占卜无关。

13.23 子曰："君子和而不同，小人同而不和。"

［译文］

夫子说："君子协调和谐而不强求一致；小人强求一致

而不能协调和谐。”

［疏解］

和而不同，它的内涵是：只有不同，才能和。

同而不和，它的内涵是：要和，就不能要同。

13.24 子贡问曰：“乡人皆好之[1]，何如？”子曰：“未可也。”“乡人皆恶之[2]，何如？”子曰：“未可也。不如乡人之善者好之，其不善者恶之。”

［译文］

子贡问：“（要举荐人才的话）全乡的人都喜欢他，（这人）怎么样？”夫子说：“还不行。”“全乡的人都憎恶他，怎么样？”夫子说：“还不行。最好是乡里的好人都喜欢他，坏人都讨厌他。”

［注释］

1 好（hào）：喜爱，称道，赞扬。

2 恶（wù）：憎恨，讨厌。

［疏解］

知人之学，是人生的大学问，也是《论语》中的重要内容。

13.25 子曰："君子易事而难说也。说之不以道，不说也。及其使人也，器之。小人难事而易说也。说之虽不以道，说也。及其使人也，求备焉。"

［译文］

夫子说："君子容易共事，而难以讨好。不以正当的方式去讨好他，他是不喜欢的。等他用人的时候，却能对人量才使用。小人共事很难，却容易讨好。即使不以正道去讨好他，他也会喜欢。但等他用人的时候，却对人求全责备。"

［疏解］

君子不喜欢歪门邪道，所以，想取悦他很难，但与他共事容易。小人反之。

13.26 子曰："君子泰而不骄，小人骄而不泰。"

［译文］

夫子说："君子安舒坦然而不骄傲放肆，小人骄傲放肆而不安舒坦然。"

［疏解］

君子心地光明坦荡，和蔼平静，所以"泰而不骄"；小人心地阴暗险恶，患得患失，所以“骄而不泰”。

13.27 子曰：“刚，毅，木，讷，近仁。

［译文］

夫子说：“刚强，果决，质朴，口讷，是接近于仁的品德。”

［疏解］

刚毅之人，不易屈服于外力，也能克制自己的欲望，所以近仁。

木讷之人，质朴而心思稳定，较少见异思迁，较少朝秦暮楚，所以近仁。

13.28 子路问曰：“何如斯可谓之士矣？”子曰：“切切偲偲[1]，怡怡如也[2]，可谓士矣。朋友切切偲偲，兄弟怡怡。”

［译文］

子路问：“如何才能算是‘士’呢？”夫子说：“互相勉励，共同进步，和睦相处，可以称为‘士’了。朋友之间要互相勉励，兄弟之间要和睦相处。”

［注释］

1 切切偲偲（sī）：互相勉励、共同进步的样子。

2 怡怡（yí）：和睦、愉快的样子。

［疏解］

这个问题，13.20子贡也问到了。

子路子贡之问，乃是："何如可谓士？"孔子之答，乃是"不何如则不可谓之士"。何如可谓士，答案必林林总总纷纭杂沓，解释何能尽举，而践行何处下脚？不何如则不可谓之士，则往往可以对症下药攻其一点渐次收功。做事做人，本来也该是有步骤次序，先从某一点开始，不可贪多求全。以此教人，正显示孔子的育人之道。

13.29 子曰："善人教民七年，亦可以即戎矣[1]。"

［译文］

夫子说："善人教导百姓七年，也就可以（使百姓）从军作战了。"

［注释］

1 即：靠近，从事，参加。戎（róng）：军队，战争。

［疏解］

善人教人打仗，不是教人如何打仗，而是教人为何打仗。

13.30　子曰："以不教民战[1]，是谓弃之。"

［译文］

夫子说："驱使没有经过教化不明事理的人去打仗，这就等于把他们当炮灰。"

［注释］

1 不教民：即"不教之民"。

［疏解］

人民不为别人打仗，人民只为自己和正义打仗。不让他们明白这一点，动辄驱使他们打仗，打不义之仗，就是把他们当炮灰。

宪问篇第十四

14.1　宪问耻[1]。子曰："邦有道，谷[2]。邦无道，谷，耻也。""克、伐、怨、欲[3]，不行焉，可以为仁矣？"子曰："可以为难矣，仁则吾不知也。"

［译文］

原宪问何为耻。夫子说："国家有道，做官拿俸禄（是正当的）。国家无道，做官拿俸禄，就很可耻。"（原宪又问：）"好胜，自夸，怨恨，贪婪，（这些毛病）都被克制住了，可以算做到仁了吧？"夫子说："可以认为这是很难得的了，至于算不算做到了仁，我不知道。"

［注释］

1 宪：原宪，字子思。此则称名不称字，且不称姓，可能是原思自己的记录。耻：此字在古汉语中含义丰富，可作名词，耻辱；可作形容词，可耻；可作动词，知耻，以……为耻。此字在这里可以含有以上三种含义，故不译，以保持其丰富的内涵。

2 谷：谷米。此指做官拿俸禄。

3 克：争强好胜。伐：自我夸耀。怨：怨恨，埋怨。欲：贪婪多欲。

［疏解］

一个关心什么是可耻，并时时提醒自己的人，是不会堕落的。“耻文化”是中国文化的特征之一。

14.2 子曰：“士而怀居[1]，不足以为士矣。”

［译文］

夫子说：“一个士，如果留恋安逸，就不配做‘士’了。”

［注释］

1 怀居：“怀”，留恋怀思。“居”，安居，引申为安于平庸琐屑的生活，安于舒适、熟悉、常规的生活圈子、生活方式与习惯等。

［疏解］

“居”有二意：一直住的地方和一直保持的状态。一直待在一个地方和一直停滞于一种状态，都不足以应对重任远道。

14.3 子曰：“邦有道，危言危行[1]；邦无道，危行言孙[2]。”

［译文］

夫子说：“国家有道，高言高行；国家无道，高行卑言。”

［注释］

1 危：此处解释众多，不赘。朱熹《集注》：“危，高峻也。”《后汉书·第五伦传注》引郑玄注：“危，犹高也。据时高言高行者皆见危，故以为谕也。”窃以为危言危行释为“高言高行”较为顺畅。

2 孙：同“逊”，退让，避让，恭顺。

［疏解］

《庄子·山木》：“王独不见夫腾猿乎？其得柟梓豫章也，揽蔓其枝而王长其间，虽羿、蓬蒙不能眄睨也。及其得栝棘枳枸之间也，危行侧视，振动悼栗；此筋骨非有加急而不柔也，处势不便，未足以逞其能也。”故君子处无道之邦而有所收敛，非不欲正道直行，乃“处势不便，未足以逞其能也”。

14.4 子曰：“有德者必有言，有言者不必有德。仁者必有勇，勇者不必有仁。”

［译文］

夫子说：“有德行者一定有嘉言，有嘉言者不一定有德行。仁德之人必定勇敢，勇敢之人不一定仁德。”

［疏解］

见义勇为之时，往往不是因为我们自忖有能力战胜邪恶，而是我们自觉有责任保护良善。

14.5 南宫适问于孔子曰[1]：“羿善射[2]，奡荡舟[3]，俱不得其死然。禹、稷躬稼而有天下[4]。”夫子不答。南宫适出。子曰：“君子哉若人！尚德哉若人！”

［译文］

南宫适问孔子道：“羿善于射箭，奡善于水战，都不得好死。禹、稷亲自种庄稼，而取得了天下。”夫子没回答。南宫适出去了。夫子说：“君子啊，这个人！崇尚道德啊，这个人！”

［注释］

1 南宫适：参见5.2及11.6注。凡弟子问，《论语》皆曰某某问曰，或某某问某事，此“南宫适问于孔子曰”属于例外，除此以外，尚有20.2之“子张问于孔子曰”，而下面孔子回答，又都书曰“子曰”，若记录者前后身份不同然。此体例颇可怪，阙疑。

2 羿：上古传说中有三个羿，都善射。一是射日的羿；二是帝喾时的射师；三是夏时有穷国的君主，曾一度篡夺了夏的政权而代理夏政。他荒淫喜猎，把朝政交给寒浞（zhuó）管理。后寒浞乘羿打猎回来毫无防备，将其杀害。本章中的羿即指有穷国的羿。

3 奡荡舟：“奡（ào）”，一作“浇”，寒浞的儿子。是个大力士，善于水战。后被少康所杀。

4 禹：夏代开国祖先。稷（jì）：传说是帝喾之子，名弃，善农耕，尧举为农师。至舜时，受封于邰（今陕西省武功县西南），号曰“后稷”，是周朝的祖先。后世又被奉为谷神。

[疏解]

好战黩武，残民以逞的人最终失败是必然的。只有那些保护人民、安顿人民、使人民能安居乐业的人，才能最终得人心得天下。

14.6 子曰："君子而不仁者有矣夫，未有小人而仁者也。"

[译文]

夫子说："君子而有时不够仁德是有的，（可是）小人从来都不会有仁德。"

[疏解]

"小人"一词，在《论语》里有多义，有时指身份，指下层人；有时指胸襟境界不够之人，如孔子斥樊迟为小人；有时则指唯利是图的无原则之人，这里的"小人"，是指这第三类人。

14.7 子曰："爱之，能勿劳乎[1]？忠焉，能勿诲乎？"

［译文］

夫子说："爱他，能不让他劳苦吗？忠于他，能不劝告教诲他吗？"

［注释］

1 劳："使……劳苦"的意思。

［疏解］

《国语·鲁语下》："夫民劳则思，思则善心生；逸则淫，淫则忘善，忘善则恶心生。"

14.8 子曰："为命[1]，裨谌草创之[2]，世叔讨论之[3]，行人子羽修饰之[4]，东里子产润色之[5]。"

［译文］

夫子说："（郑国）撰写外交公文，总是由裨谌写草稿；世叔提意见；外交官员子羽做修改；再由东里的子产来润色。"

［注释］

1 命：盟会之辞，即外交辞令。

2 裨谌（bì chén）：郑国大夫。

3 世叔：郑国大夫。

4 行人：外交官员。子羽：公孙挥，字子羽，郑国大夫。

5 东里：郑国邑名，在今河南郑州市。子产：名侨，字子产，郑国宰相。

［**疏解**］

宰相子产为人慎重，善用人才，善治国家，从郑国拟定一份外交辞令的慎重行事，可以窥一斑而见全豹。

14.9　或问子产，子曰："惠人也。"问子西[1]，曰："彼哉！彼哉！[2]"问管仲，曰："人也[3]。夺伯氏骈邑三百[4]，饭疏食，没齿无怨言[5]。"

［**译文**］

有人问孔子子产（是怎样的人），夫子说："是宽厚慈爱的人。"问到子西，（夫子）说："他呀！他呀！"问到管仲，（夫子）说："仁人啊。他剥夺了伯氏骈邑的三百户采地，（使伯氏）只得吃粗粮和蔬菜，（可是）直到老死，（伯氏）也没有怨言。"

［**注释**］

1 子西：春秋时，载入史籍的有三个子西。其一，楚国的公子申。其二，楚国的斗宜申。其三，郑国的公孙夏，是子产（公孙侨）的同宗兄弟。本章的子西，应该指的是子产的同宗兄弟。

2 “彼哉”句：他呀，他呀。这是古代曾经流行的一个表示轻视的习惯用语，潜台词是他算得了什么。

3 人也：可能有脱字，或说前脱“夫”字，乃“夫人也”，或说前脱一“仁”字，乃“仁人也”。

4 伯氏：齐国大夫。骈邑：齐国的地名。

5 没（mò）齿：老到牙齿都掉没了，指老死，终身。史载：伯氏有罪，管仲为宰相，依法下令剥夺了伯氏的采邑三百户。因管仲执法公允，所以伯氏口服心服，始终无怨言。

［疏解］

据《左传》记载，子产是孔子亲如兄弟的忘年交，亦师亦友，“子产卒，仲尼闻之出涕，曰：‘古之遗爱也。’”这里孔子称他为“惠”，惠者，惠爱人民也。孔子对管仲的评价也颇高（参见14.16；14.17）。虽然也批评过他不知礼，器小，奢侈（参见3.22），但对他的功德仍能予以极大的肯定。

14.10　**子曰：“贫而无怨难，富而无骄易。”**

［译文］

夫子说："贫穷而没有怨恨，很难；富裕了而不骄傲，是比较容易的。"

［疏解］

这一章，从两方面理解比较全面。一，体察；二，体谅。

从体察言，贫者多怨，富者多骄，这是普遍的社会心理。而贫者怨有缘由，富者骄少涵养，这是基本的人情判断。

从体谅言，对贫者之怨，要多理解；对富者之骄，要多抑制。

14.11 子曰："孟公绰为赵、魏老则优[1]，不可以为滕、薛大夫[2]。"

［译文］

夫子说："孟公绰做赵氏、魏氏的家臣，其才干是绰绰有余的；但是不可以做滕、薛的大夫。"

［注释］

1 孟公绰：鲁国大夫，是孔子尊以为老师的，但德高而才不足。老：古代对大夫家臣之长的尊称，也称"室老"。赵、魏乃晋国之卿大夫。

2 滕、薛：两个小诸侯国。

[**疏解**]

朱熹《集注》："大家势重，而无诸侯之事；家老望尊，而无官守之责。"

14.12　子路问成人[1]。子曰："若臧武仲之知[2]，公绰之不欲，卞庄子之勇[3]，冉求之艺，文之以礼乐，亦可以为成人矣。"曰："今之成人者何必然？见利思义，见危授命，久要不忘平生之言[4]，亦可以为成人矣。"

[**译文**]

子路问怎样才是个完人。夫子说："像臧武仲那样明智，孟公绰那样不贪，卞庄子那样勇敢，冉求那样多才多艺，再用礼乐来文饰，也就可以成为完人了。"（又说）："现在做一个完人何必一定这样呢？（只要他）见利思义，见危授命，久处穷困能不忘平生志言夙愿，也就可以算是一个完人了。"

[**注释**]

1 成人：完人，德才兼备的人。

2 臧武仲：鲁国大夫，是一个善于预见又能取舍的明智的人。

3 卞庄子：鲁国大夫。据说他曾一人搏虎，很勇敢。

4 久要：久处于穷困。“要（yāo）”，通“约”，穷困。平生：平日。

［疏解］

在孔子看来，完美的人应该具有如下美德或才干：智慧、道德（不欲）、勇敢、才艺，这些个性优点再加上礼乐的修饰——也就是说，完人，应该是一个具备德、智、勇三德，有才艺，同时又举止优雅的人。

14.13 子问公叔文子于公明贾曰[1]：“信乎？夫子不言、不笑、不取乎[2]？”公明贾对曰：“以告者过也[3]。夫子时然后言，人不厌其言；乐然后笑，人不厌其笑；义然后取，人不厌其取。”子曰：“其然，岂其然乎！[4]”

［译文］

夫子向公明贾问公叔文子的为人，说：“是真的吗？公叔文子老先生不说话、不微笑、不取财？”公明贾回答说：“因为传话的人说得太过分了（才给人这样的印象）。公叔文子老先生时机适当才说话，别人就不讨厌他讲话；快乐了才笑，别人就不讨厌他笑；觉得该取时再取，别人就不讨厌他取财。”夫子说：“原来这样的啊，他怎么能达到这样高的境界啊！”

［注释］

1 公叔文子：名拔（一作发），卫国大夫，死后谥“贞惠文子”，故称公叔文子。公明贾：姓公明，名贾。卫国人。公叔文子的使臣。

2 夫子：对别人的敬称，犹言“先生”。

3 过：错。

4 其然：这是这样的，原来是这样的，释然之词。岂：难道，竟然，有赞叹有惊讶，也有半信半疑。

［疏解］

时然后言，乐然后笑，义然后取——这是德行，也是气质。一切都大大方方，毫不矫情，毫不做作。

14.14 子曰：“臧武仲以防求为后于鲁[1]，虽曰不要君[2]，吾不信也。”

［译文］

夫子说：“臧武仲凭借他的采邑防城而请求（鲁国国君）立他在鲁国的后代为卿大夫，即使人们说（臧武仲这样做）没有要挟君主，我是不信的。”

［注释］

1 防：鲁国地名，臧武仲的封地。公元前550年（鲁襄公二十三年），臧武仲因帮助季氏废长立少得罪了孟孙氏，逃到邻近邾国。不久，他又回到他的故邑防城，向鲁国国君请求立他的后代为卿大夫。暗示若鲁君不答应，他将凭借防邑发动叛乱。（见《左传·襄公二十三年》）

2 要（yāo）：胁迫，要挟。

［疏解］

据封邑而求立的行为本身，自有一种要挟的态势。

14.15　子曰：“晋文公谲而不正[1]，齐桓公正而不谲[2]。”

［译文］

夫子说：“晋文公诡诈而不正派；齐桓公正派而不诡诈。”

［注释］

1 晋文公：春秋五霸之一。谲（jué）：狡诈，玩弄诡计，耍弄阴谋。

2 齐桓公：春秋五霸中的第一个霸主。

［疏解］

在齐桓、晋文这两霸之间，孔子显然褒扬前者而贬抑后者。

14.16 子路曰："桓公杀公子纠[1]，召忽死之[2]，管仲不死。"曰："未仁乎？"子曰："桓公九合诸侯[3]，不以兵车[4]。管仲之力也！如其仁！如其仁！"

［译文］

子路说："齐桓公杀了公子纠，召忽自杀殉节，但管仲却没有自杀。"说："管仲不仁德吧？"夫子说："齐桓公多次召集各诸侯国盟会，却没用武力。这是管仲的力量啊！这就是他的仁德！这就是他的仁德！"

［注释］

1 公子纠与公子小白（即后来的齐桓公）二人都是齐襄公的弟弟。襄公无道，政局混乱，他二人怕受连累，小白由鲍叔牙事奉逃亡莒国，公子纠由管仲、召忽事奉逃亡鲁国。齐襄公被杀后，在鲁庄公发兵护送公子纠要回齐国即位的时候，小白用计抢先回到齐国，立为君，接着兴兵伐鲁，逼迫鲁国杀死了公子纠（见《左传》庄公八年、九年）。

2 召忽：他与管仲都是公子纠的师傅。公子纠被杀后，召忽自杀殉节。管仲却归服齐桓公，并由鲍叔牙推荐当了齐桓公的宰相。

3 九合诸侯：多次会合诸侯。“九”，表示多的词。“合”，集合。

4 不以：不用。兵车：战车，代指武力。

[疏解]

“仁”，不是空洞的道德信条，也不是消极的“临难一死报君王”。“仁”应该体现在事功上。

14.17 子贡曰：“管仲非仁者与？桓公杀公子纠，不能死，又相之。”子曰：“管仲相桓公，霸诸侯，一匡天下[1]，民到于今受其赐。微管仲[2]，吾其被发左衽矣[3]。岂若匹夫匹妇之为谅也[4]，自经于沟渎而莫之知也[5]！”

[译文]

子贡说：“管仲不是仁人吧？桓公杀了公子纠，他没有以死殉忠，又来辅佐桓公。”夫子说：“管仲辅佐桓公，在诸侯中称霸，匡正了天下，人民到今天还受到他的好处。如果没有管仲，我们恐怕已经沦为披头散发在左边开衣襟的人了。管仲哪能像一般的平庸男女那样，为了守小节，在小山沟里上吊自杀，还没有人知道呢？”

［**注释**］

1 一匡天下：使天下的一切得到匡正；或，使天下都得到匡扶。

2 微：没有。一般用于和既成事实相反的假设句前面。

3 被发左衽：当时夷狄等少数民族的风俗、打扮。“被”，同“披”。“衽（rèn）”，衣襟。此代指文化落后。

4 匹夫匹妇：指普通平庸男女。谅：遵守信用，这里指拘泥小信小节。

5 自经：自缢，上吊自杀。沟渎（dú）：古时，田间水道称沟，邑间水道称渎，这里指小山沟。

［**疏解**］

钱穆《论语新解》：“管仲、召忽之于公子纠，君臣之分未定，且管仲之事子纠，非挟贰心，其力已尽，运穷势屈，则惟有死之一途而已。而人道之大，则尚有大于君臣之分者。华夷之防，事关百世。使无管仲，后世亦不复能有孔子。孔子之生，而即已编发左衽矣，更何有于孔门七十二弟子，与夫《论语》之传述？故知子路、子贡所疑，徒见其小，而孔子之言，实树万世之大教，非为管仲一人辩白也。

盖子贡专以管仲对子纠言，孔子乃以管仲对天下后世言，故不同。”

14.18 **公叔文子之臣大夫僎，与文子同升诸公**[1]**。子闻之，曰：“可以为文矣**[2]**。”**

［译文］

公叔文子的家臣大夫僎，（由文子推荐）与文子一道做了国家大臣。夫子听到这件事，说：“（这样，公叔文子将来）可以用‘文’作谥号了。”

［注释］

1 僎：人名，一般读为zhuàn，音义同“撰”。原是公叔文子的家臣，由于文子的推荐，当上卫国的大夫。同升诸公：指僎与文子同为卫国的大夫。

2 为文：谥号为“文”。后来卫君给公叔文子的谥号是“贞惠文子”。

［疏解］

谥号为“文”，是对人道德、品行、能力、知识的一种综合褒奖，公叔文子能把自己的家臣推荐为大夫与自己同列，这确实需要一种胸襟。所以，孔子称赞他。

14.19 子言卫灵公之无道也，康子曰："夫如是，奚而不丧[1]？"孔子曰："仲叔圉治宾客[2]，祝鮀治宗庙[3]，王孙贾治军旅。夫如是，奚其丧？"

［译文］

夫子说到卫灵公的昏庸无道，季康子说："像这样无道，为什么还不失位呢？"孔子说："有仲叔圉接待宾客办理外交，祝鮀主管祭祀，王孙贾统率军队。像这样有贤人辅佐，怎么会失位呢？"

［注释］

1 奚：为何，为什么。

2 仲叔圉（yǔ）：即孔文子，卫国大夫。

3 祝鮀（tuó）：卫国大夫，世袭贵族。

［疏解］

卫灵公很糟糕，但他有一个优点：善于用人，能用好人来治理国家、管理国家的内外事务。

14.20 子曰："其言之不怍[1]，则为之也难。"

［译文］

夫子说："一个人若大言不惭，那么实际去做就很困难。"

［注释］

1 怍（zuò）：惭愧。

［疏解］

没经过认真思考而说出的话，许下的诺言，要兑现当然很难。但这种人，既说大言了，不能兑现，到底也不惭愧。

14.21 **陈成子弑简公[1]。孔子沐浴而朝[2]，告于哀公曰："陈恒弑其君，请讨之。"公曰："告夫三子[3]。"孔子曰："以吾从大夫之后[4]，不敢不告也。君曰'告夫三子'者！"之三子告，不可。孔子曰："以吾从大夫之后，不敢不告也。"**

［译文］

陈成子杀了齐简公，孔子沐浴上朝，向鲁哀公报告："陈恒弑了他的君主，请出兵讨伐。"哀公说："您去报告三位大夫吧！"孔子说："因为我曾经当过大夫，不敢不来报告啊。君主却说出让我自己去报告三位大夫这种话！"（孔子）到三位大夫那里去报告，他们不同意（出兵）。孔子说："因为我曾当过大夫，不敢不来报告啊。"

［注释］

1 陈成子：齐国大夫陈恒，又名田成子。在公元前481年（鲁哀公十四年）杀死齐简公，当上了齐国国相。简公：齐简公。

2 沐浴：洗头，洗澡。指上朝前表示尊敬与严肃而行的斋戒。

3 三子：指季孙氏、孟孙氏、叔孙氏。这三家权势很大，操纵鲁国政局，对讨伐陈恒这样的大事，鲁哀公不敢做主，故叫孔子去向这三位大夫报告。

4 从大夫之后：犹言我曾经当过大夫。参见11.8。

［疏解］

陈恒弑君，孔子请讨，不特为尽大夫职责，亦是大义所在，为天下正风纪，行道义也。

14.22　子路问事君。子曰："勿欺也，而犯之[1]。"

［译文］

子路问怎样事奉君主。夫子说："不要光说好听的欺骗他，而要犯颜直言规劝他。"

[**注释**]

1 犯：触犯，冒犯。这里引申为对君主犯颜诤谏。

[**疏解**]

此章当与1.2有子“不好犯上”的言论对照着看。犯上不犯上，不仅是对君上、师长的态度，很多时候涉及政治伦理：是服从真理还是服从权势。

14.23　子曰：“君子上达，小人下达。”

[**译文**]

夫子说：“君子好好学习，天天向上；小人浑浑噩噩，日日沉沦。”

[**疏解**]

君子天天上进，小人日日沉沦。

14.24　子曰：“古之学者为己，今之学者为人。”

[**译文**]

夫子说：“古代学习者，是为了完善自己；现在学习者，是为了向别人表现。”

［疏解］

学习的目的不是为了对人表现，人格的养成才是学习的最后目的。

14.25 蘧伯玉使人于孔子[1]，孔子与之坐而问焉，曰："夫子何为？"对曰："夫子欲寡其过而未能也。"使者出，子曰："使乎！使乎！"

［译文］

蘧伯玉派使者去看望孔子，孔子给他座位请他坐下，然后问道："蘧老先生在做些什么？"使者回答说："老先生想减少自己的过错，还没能完成。"使者出门以后，夫子说："真是一个好使者啊！真是一个好使者啊！"

［注释］

1 蘧（qú）伯玉：姓蘧，名瑗，字伯玉，卫国大夫。孔子去卫国时，曾住在他家里。

［疏解］

人格的修养没有止境，人之一生，就是不断提高自己的道德修养、减少自己道德过失的过程。

14.26 子曰："不在其位，不谋其政[1]。"曾子曰："君子思不出其位。"

[译文]

夫子说："不在那个职位，不过问那方面的政事。"曾子说："君子考虑事情，不超出他职责的范围。"

[注释]

1 "不在"句：参见8.14。

[疏解]

见8.14。

14.27 子曰："君子耻其言而过其行。"

[译文]

夫子说："君子以说的比做的多为可耻。"

[疏解]

说得到做不到，就成了说大话，说空话，光说不做，就是虚伪，还是违背诺言。

14.28 子曰："君子道者三，我无能焉：仁者不忧，知者不惑，勇者不惧。[1]"子贡曰："夫子自道也！"

［译文］

夫子说："君子努力达到的境界有三条，我没能做到：仁者不忧，知者不惑，勇者不惧。"子贡说："夫子说自己啊！"

［注释］

1 见9.29。

［疏解］

仁德的人因为关爱万物，所以不会有一己得失的忧愁；智慧的人因为洞察万物，所以不会有一物难通的迷惑；勇敢的人因为勇气充溢心胸，所以不会有什么望而却步的畏怕。

14.29 子贡方人[1]。子曰："赐也贤乎哉？夫我则不暇[2]。"

［译文］

子贡喜欢拿道义法则来比照别人。夫子说："赐呀，你就那么好吗？要叫我呀，可没有闲工夫去（纠正别人）。"

［注释］

1 方：有道义、法则、规范之义，此处作动词，指以道义法则比照别人，要求别人改正，有逼人“就范”之义。

2 不暇：没有空闲的时间。

［疏解］

《马太福音》第七章中，耶稣说：“为什么看见你弟兄眼中有刺，却不去想想自己眼中有梁木呢？你自己眼中有梁木，你怎能对你兄弟说：‘让我去掉你眼中的刺’呢？你这假冒为善的人，先去掉自己眼中的梁木，然后才能够看清楚，去掉你弟兄眼中的刺。”

14.30　子曰：“不患人之不己知，患其不能也。”

［译文］

夫子说：“不要担心别人不了解自己，要担心自己没有才能。”

［疏解］

君子不急于推销自己，而是耐心磨砺自己。

14.31　子曰：“不逆诈[1]，不亿不信[2]，抑亦先觉

者，是贤乎！”

［译文］

夫子说：“事前不把别人的行为当欺诈来推测，不主观猜测别人是不诚实的，但（对欺诈和不诚实）也能及早发现察觉，这样的人该是贤人吧！”

［注释］

1 逆：推测。

2 亿：同“臆”。主观臆测，猜测。

［疏解］

一个人，如果老用怀疑防范的目光看待人和事，他不仅会失去朋友，丢掉机会，让人反感；而且，他更会失去良好的心境和心理健康。

14.32 **微生亩谓孔子曰[1]：“丘，何为是栖栖者与[2]？无乃为佞乎[3]？”孔子曰：“非敢为佞也，疾固[4]也。”**

［译文］

微生亩对孔子说：“孔丘，为什么这样盛饰威仪呢？岂不是为了装点门面讨好他人吗？”孔子说：“不敢讨好他人啊，我只是讨厌固陋不文呢。”

［注释］

1 微生亩：姓微生，名亩。传说是一位年长的隐士。隐士们认为天下已礼坏乐崩，所以认为孔子这样讲究礼仪是很无聊的。

2 栖栖（xī）：有整饬之意。又通作“萋萋”，有敬慎威仪之意。盖微生亩见孔子整饰威仪，疑其以此求悦于人，故曰：“何为是栖栖者与？无乃为佞乎？”

3 佞：谄媚。

4 固：固陋。疾固：讨厌固陋不文。

［疏解］

微生亩是隐士，且自居年齿之尊，倨傲以待孔子。孔子面对长者凌傲，以本诚答之，阐释自己，谦逊待人，反显得大气包容，胜人一筹。

14.33　子曰：“骥不称其力[1]，称其德也[2]。”

［译文］

夫子说：“对于千里马，我们不要称羡它的气力，而要称赞它的品质。”

［注释］

1 骥（jì）：古代称善跑的千里马。

2 德：这里指千里马吃苦耐劳、服从调教的优良品质。

［疏解］

这一章，不是在讲千里马的品质，而是在讲我们有取于千里马的何种品质。

14.34 或曰：“以德报怨，何如[1]？”子曰：“何以报德？以直报怨，以德报德。”

［译文］

有人说：“用恩惠来报答仇怨，如何呢？”夫子说：“那用什么来报答恩惠呢？用公平正直来对待仇怨，用恩惠来报答恩惠。”

［注释］

1 以德报怨：“德”，恩惠。“怨”怨恨，仇怨。以德报怨是道家的思想。《老子》说“报怨以德”。孔子在此对这种思想提出了批评。

［疏解］

“以德报怨”，看似“道德”，实际上倒是起了不道德的作用：使不道德的人可以肆无忌惮，不用担心承担什么后果。

14.35　子曰：“莫我知也夫！”子贡曰：“何为其莫知子也？”子曰：“不怨天，不尤人，下学而上达[1]。知我者其天乎！”

［译文］

夫子说：“没有人了解我啊！”子贡说：“为什么会没有人了解您呢？”夫子说：“不埋怨天，不归咎人，下学人事上达天命。了解我的大概只有天吧！”

［注释］

1 下学：学人事，了解研究社会。上达：把握天命。

［疏解］

天，予我命，人，予我事。我行天命，我行人事，当尽力履诚，何能怨天尤人？

14.36　公伯寮愬子路于季孙[1]。子服景伯以告[2]，曰：“夫子固有惑志于公伯寮，吾力犹能肆诸市朝[3]。”

子曰："道之将行也与，命也；道之将废也与，命也。公伯寮其如命何？"

［译文］

公伯寮对季孙说子路的坏话。子服景伯把这事告知孔子，说："季孙老先生确已被公伯寮迷惑住了，我的力量还能把他的尸首摆到大街上示众。"夫子说："我的道能得到实现吗，是天命；我的道将被废掉吗，也是天命。公伯寮能把天命怎么样？"

［注释］

1 公伯寮：字子周，也是孔子弟子。曾任季氏家臣。愬（sù）：同"诉"，这里是诬谤的意思。

2 子服景伯：姓子服，名何，字伯，"景"是死后谥号。鲁国大夫。

3 肆：指处以死刑后陈尸示众。市朝：被处死的罪犯中，自士以下的，陈尸于市集；自大夫以上的陈尸于朝廷。

［疏解］

此即不怨天不尤人之例证。行与不行，我之命，我之事。天，我命之所来；人，我命之所有。莫非命也，我何能怨天尤人？

14.37 子曰："贤者辟世[1]，其次辟地，其次辟色，其次辟言。"子曰："作者七人矣[2]。"

［译文］

夫子说："贤人避开社会而隐居；其次是避到别的地方去；再次是避开别人难看的脸色；最后是避开难听的恶言。"夫子说："这样做的已经有七人了。"

［注释］

1 辟世："辟"同"避"，避开。指不干预世事而隐居。下面几个"辟"，同。

2 七人：指传说中的七位贤人隐士，具体所指说法不一。有的说是：伯夷、叔齐、虞仲（太公）、夷逸、朱张、柳下惠、少连。有的说是：长沮、桀溺、荷蓧丈人、石门守门者、荷蒉者、仪封人、楚狂接舆。孔子所指，不可确考。

［疏解］

从客观言，从言到色到乱邦到乱世，情形渐次恶劣；从主观言，从避言到避色到避地到避世，心情愈来愈冷，态度渐次决绝。

14.38 子路宿于石门[1]。晨门曰："奚自[2]？"子路

曰："自孔氏。"曰："是知其不可而为之者与？"

［译文］

子路在石门住了一夜。早晨负责开启城门的人问："从哪里来？"子路说："从孔氏那儿。"（这人）说："是那个明知不可能成功而仍要坚持去做的孔氏吗？"

［注释］

1 石门：鲁国都城（曲阜）外城的城门。

2 奚自："自奚"的倒装，从哪里来。

［疏解］

知其不可而为之——这话说是讥讽也对，但这讥讽之中，岂不说出了孔子伟大的救世精神。因为"知其不可"却又"一意孤行"地"为之"，是一种伟大、孤绝的人格与精神。

14.39 子击磬于卫[1]，有荷蒉而过孔氏之门者[2]，曰："有心哉，击磬乎！"既而曰[3]："鄙哉，硁硁乎[4]！莫己知也[5]！斯已而已矣。'深则厉，浅则揭'[6]。"子曰："果哉！末之难矣[7]。"

[译文]

夫子在卫国，有一天正敲着磬，有位挑着草筐的人从孔子门口经过，说："有心思啊，这样敲磬呢！"过了一会儿，又说："鄙陋啊，那硁硁的声音，（好像在说）没有人了解自己啊！（既然没有人了解自己）也就索性算了罢。（《诗经》上有句比喻的话：）'水深，就穿着衣服泅过去；水浅，就撩起衣服蹚过去。'"夫子说："他真是一位决然忘怀世事的人啊！如果不能决然忘怀世事，要像他那样心静也很困难啊！"

[注释]

1 磬（qìng）：古代一种打击乐器。

2 荷蒉："荷（hè）"，背，扛，担负。"蒉（kuì）"，草编的筐。据说此人是一个自食其力的隐士。

3 既而：不久，一会儿。

4 硁硁（kēng）：象声词，击磬声。

5 莫己知也：即"莫知己也。"

6 "深则厉"句：出自《诗经·邶风·匏有苦叶》："匏有苦叶，济有深涉。深则厉，浅则揭。"大意是说：大葫芦儿叶已黄，济水有个大渡口。水深连衣泅过去，水浅撩衣蹚过去。

7 果：果决，果断，果于决，果于断，果有"忍"意，决绝而无有牵挂。

［疏解］

孔子哪能弃世而去。天下生灵涂炭，人民苦难深重，他“末之难矣”。

14.40　子张曰：“《书》云：‘高宗谅阴，三年不言。’[1]何谓也？”子曰：“何必高宗？古之人皆然。君薨[2]，百官总己以听于冢宰三年[3]。”

［译文］

子张说：“《尚书》上说：‘殷高宗居丧守孝，住在凶庐，三年不问政事。’说的是什么意思呢？”夫子说：“何必高宗才这样？古代的人都这样。君主死了，（继位的新君王三年不问政事。）文武百官处理自己的职事都去听从宰相的命令三年。”

［注释］

1 “高宗”句：出自《尚书·无逸》篇。“高宗”，殷王武丁，为商代王朝第十一世的贤王。“谅阴”，指居丧时所住的房子，又叫凶庐。

2 薨（hōng）：诸侯之死叫“薨”。

3 总己：约束自己。冢（zhǒng）宰：太宰，百官之首，相当于后世的宰相。

［疏解］

三年不问政事，是因为内心悲痛。而这份孝心又是道德的基础，所以重于一切。

从礼制角度说，守丧三年不问政事，本身即是政事。

14.41　**子曰："上好礼则民易使也[1]。"**

［译文］

夫子说："在上位的人若依礼办事，人民就容易听从役使了。"

［注释］

1 使：使唤，役使。

［疏解］

此章是对上一章(14.40)的总结和说明。

14.42　**子路问君子。子曰："修己以敬。"曰："如斯而已乎？"曰："修己以安人[1]。"曰："如斯而**

已乎？”曰：“修己以安百姓。修己以安百姓，尧舜其犹病诸[2]！”

［译文］

子路问怎样才是君子。夫子说：“修养自己，养成恭敬的气质。”（子路）说：“这样就够了吗？”（夫子）说：“修养自己，使贵族、大夫们安乐。”（子路）说：“这样就够了吗？”（夫子）说：“修养自己，使全体百姓安乐。修养自己，使全体老百姓安乐，尧、舜还担心自己不能完全做到哩！”

［注释］

1 人：与“己”相对。这里当指士大夫以上的贵族、上层人士。比下面的“百姓”所指范围要窄。

2 病：担心，忧虑。百姓，《书·泰誓中》：“百姓有过，在予一人。”孔颖达疏：“此‘百姓’与下‘百姓懔懔’皆谓天下众民也。”

［疏解］

道德的起点是什么？是修养自己的身心，提高自己的道德境界。道德的最高理想和最终目标是什么？是能够为人民带来幸福。

14.43 原壤夷俟[1]。子曰："幼而不孙弟[2]，长而无述焉[3]，老而不死，是为贼。"以杖叩其胫[4]。

［译文］

原壤叉开两条腿坐在地上。夫子说："你年幼时不讲孝悌，长大了没有作为，老了还不死，简直是个害人的贼。"用手杖敲原壤的小腿（让他把腿收回去）。

［注释］

1 原壤：鲁国人。《礼记．檀弓》记载：原壤的母亲死了，孔子去帮助他治丧，他却站在棺材上大声歌唱。夷：指"箕踞"，即屁股坐地，两条腿左右斜伸出去，叉开两只脚呈八字形，像只簸箕，所以叫"箕踞"，这是最无礼貌的坐法。俟（sì）：等待。

2 孙：同"逊"。弟：同"悌"。

3 长：长大，年长。无述：无作为，没成就，没贡献。

4 胫（jìng）：小腿。

［疏解］

原壤挨打，说明：野蛮不文明，就要招打。

14.44 阙党童子将命[1]。或问之曰："益者与？"

子曰："吾见其居于位也[2]，见其与先生并行也[3]。非求益者也，欲速成者也。"

[译文]

阙党地方的一个童子来向孔子传信。有人问孔子："（这小孩）是肯求上进的人吗？"夫子说："我见他趾高气扬地坐在位子上，又见他与长辈并肩而行。这不是个求上进的人，而是一个急于求成的人。"

[注释]

1 阙（quē）党：鲁国地名。将（jiāng）命：传达信息，传话。

2 居于位：坐在席位上。按古代礼节，大人就座时，儿童应该站在旁边。可是，这位童子却与大人一起坐在席位上，可见其不知礼。

3 先生：这里是对年长者、长辈的尊称。

[疏解]

上一章记了一个老不懂事的，这一章记了一个小不懂事的。

卫灵公篇第十五

15.1　卫灵公问陈于孔子[1]。孔子对曰：“俎豆之事[2]，则尝闻之矣；军旅之事，未之学也。”明日遂行。

［译文］

卫灵公向孔子问军队怎样列阵。孔子回答说：“礼节仪式方面的事，我曾听说一些；军队作战方面的事，我没学过。”第二天，（孔子）就离开了卫国。

［注释］

1 陈：同“阵”，军队作战布列阵势。

2 俎（zǔ）豆：古代祭祀宴享用的两种礼器。此处代指礼仪。

[**疏解**]

孔子主张礼治，反对使用武力。

15.2　在陈绝粮，从者病[1]，莫能兴[2]。子路愠见曰："君子亦有穷乎？"子曰："君子固穷，小人穷，斯滥矣。"

[**译文**]

孔子在陈国断绝了粮食，随从的弟子们都饿坏了，爬不起来。子路脸上堆满了怨怒，说："君子也有困厄的时候吗？"夫子说："君子本来就常常是在困厄之中（且心安理得的），小人困厄了就不约束自己而胡作非为了。"

[**注释**]

1 病：苦，困。这里指饿坏了。

2 兴：起来，起身。

[**疏解**]

这是孔子在周游列国时所碰到的诸多磨难中比较严重的一次。主要还不是外患，而是内忧：弟子们的信念出现动摇。

15.3　子曰："赐也，女以予为多学而识之者

与？”对曰：“然。非与？”曰：“非也，予一以贯之。”

[译文]

夫子说：“端木赐呀，你以为我是学了很多而又一一记住的吗？”端木赐回答说：“是呀。不是这样吗？”夫子说：“不是。我是一以贯之的。”

[疏解]

两个关键词：“多”和“一”。多，是指知识；一，是指思想方法或价值观。一个正确的价值观或思想方法，胜过无数的琐碎的知识。

15.4　子曰：“由，知德者鲜矣。”

[译文]

夫子说：“仲由，懂得道德的人少啊。”

[疏解]

这接连的四章应该放一起看。15.1是起因，离开卫国。15.2在陈绝粮，子路愠见，抱怨君子亦有穷，孔子告诉他君子固穷。15.3《史记·孔子世家》：“子贡色作。孔子曰：

'赐，尔以予为多学而识之者与？'曰：'然。非与？'孔子曰：'非也。予一以贯之。'"意为自己无论穷通，道则一以贯之，至此，15.4，孔子对子路感慨："由，知德者鲜矣！"

15.5 子曰："无为而治者，其舜也与？夫何为哉？恭己正南面而已矣。"

[译文]

夫子说："无所作为而使天下得到治理的，大概只有虞舜吧？他做了些什么呢？他只是庄严端正地脸朝南面（坐着）而已。"

[疏解]

无为——权力无为，统治者个人意志和欲望得到管制而无所作为。

治——礼乐制度、良风善俗之治。社会自有规矩法度，约定俗成，不受权力摆布。

舜垂拱而治，不以个人意志强加社会，不随心所欲淆乱制度，这是舜的权力谦卑。

15.6 子张问行，子曰："言忠信，行笃敬，虽蛮貊之邦[1]，行矣。言不忠信，行不笃敬，虽州里[2]，行乎

哉？立则见其参于前也[3]，在舆则见倚于衡也[4]，夫然后行。”子张书诸绅[5]。

［**译文**］

子张问如何能让自己处处行得通，夫子说：“说话忠诚守信，行为敦厚恭敬，即使到遥远的边荒地区，也行得通。说话不忠诚守信，行为不忠厚恭敬，即使在本乡州里，能行得通吗？站着，仿佛看见‘忠信笃敬’这几个字直立在眼前；坐车，仿佛看见这几个字斜刻在车辕的横木上，这样就能处处行得通。”子张（把这几个字）写在自己的衣带上。

［**注释**］

1 蛮：南蛮，泛指南方边疆少数民族。貊（mò）：北狄，泛指北方边疆少数民族。

2 州里：本乡本土。

3 参：本意为直、高。此处意为高高直立于前。

4 衡：车辕前的横木。

5 绅：系在腰间下垂的宽大的衣带。

［**疏解**］

子张才高意广，为人简慢，自信自大。所以孔子教导他做事做人要有分寸，要取信于人，示人以诚恳，待人以敬爱，这样才能得人之力，行己之事，成己之业。

15.7　子曰：“直哉史鱼[1]！邦有道如矢，邦无道如矢。君子哉蘧伯玉！邦有道，则仕，邦无道，则可卷而怀之[2]。”

［译文］

夫子说：“正直啊！史鱼！国家有道，像箭头一样直；国家无道，也像箭头一样直。君子啊！蘧伯玉！国家有道，出来做官；国家无道，就收起自己的才智自守大道。”

［注释］

1 史鱼：卫国大夫，名鳅（qiū），字子鱼。他曾多次向卫灵公推荐贤臣蘧伯玉，未被采纳。史鱼病危临终时，嘱咐儿子，不要“治丧正堂”，而是要把尸体放在侧室，用这种做法再次劝告卫灵公一定要进用蘧伯玉，而贬斥奸臣弥子瑕。这种行为，古人称之为“尸谏”（事见《孔子家语》及《韩诗外传》）。

2 卷而怀之：收卷起来怀藏自守。

［疏解］

史鱼如箭，决不阿世。蘧伯玉则审时度势：国家有道，政治清明，就出来做官；国家无道，政治黑暗，就隐藏起自己的才智，辞官隐居。

15.8 子曰："可与言而不与之言，失人；不可与言而与之言，失言。知者不失人，亦不失言。"

[译文]

夫子说："可以与他交谈却不与他交谈，这是失人；不可与他交谈却与他交谈，就是失言。智者既不失人，也不失言。"

[疏解]

智者知道哪种人有助于自己提升，以友辅仁，所以，他既不失去交结人物的机会，也不会对道不同者浪费言辞。前者是汇聚精神，后者是不浪费精力。

15.9 子曰："志士仁人，无求生以害仁[1]，有杀身以成仁[2]。"

[译文]

夫子说："志士仁人，没有为求生而害仁的，只有为成就仁而不惜杀身的。"

［注释］

1 求生：在危急关头求活命。

2 杀身：在危急关头自我牺牲，为仁义而死。

［疏解］

孔子有明哲保身的一面，但他更有至大至刚的一面。这至大至刚的一面就是“杀身成仁”的勇气。

15.10 子贡问为仁，子曰：“工欲善其事[1]，必先利其器[2]。居是邦也，事其大夫之贤者[3]，友其士之仁者。”

［译文］

子贡问怎样才能做仁德之事，夫子说：“工匠要把活干得好，必须先把工具弄得精良称手。住在一个国家，就要事奉大夫中有贤德的人，与士中有仁德的人交朋友。”

［注释］

1 善：用作动词。使……完善。

2 利：用作动词。使……精良。

3 事：事奉，为……服务。

［疏解］

“为仁”需要意愿，也需要相应的能力。没有能力而奢谈为仁，近乎“言之不怍”（参见14.20）。

15.11 颜渊问为邦[1]，子曰：“行夏之时[2]，乘殷之辂[3]，服周之冕[4]，乐则《韶》《舞》[5]。放郑声[6]，远佞人[7]。郑声淫，佞人殆。”

［译文］

颜渊问怎样治理国家，夫子说：“用夏代历法，乘殷代车子，戴周代礼帽，音乐用《韶》《舞》，扬弃郑乐，远离小人。郑乐淫秽放荡，小人危险。”

［注释］

1 为：治理。

2 夏之时：“时”，此指历法。夏之时，就是夏历（又称阴历，农历）。夏历最合于农时，有利于农业生产，故孔子主张推行夏历。

3 乘殷之辂：“辂（lù）”，大车。殷代的大车俭朴实用，故孔子提倡“乘殷之辂”。

4 服周之冕：“冕”，礼帽。周代的礼帽完善华美，孔子一向提倡礼服应讲究、华美，故说要“服周之冕”。

5 舞：同《武》，《韶》《武》：参见3.25注。

6 放：扬弃。郑声：郑国的民间音乐。孔子认为它是靡靡之音，不合古典，情调不健康，故主张“放郑声”。

7 远：作动词用，疏远。

［疏解］

一个君子，可以给国君以好的影响，使他走正道，干好事，从而把国家治好。一个小人，可以给国君以坏的影响，使他走邪道，干坏事，从而把国家弄乱。所以，孔子特别担心国君身边有小人。“亲贤臣，远佞人”成为中国古代最有名的政治格言。

15.12 子曰：“人无远虑，必有近忧。”

［译文］

夫子说：“人若没有考虑未来的大规划大理想，必定会被眼前的忧患所困扰。”

［疏解］

在曲折的道路上如何才能保持旺盛的斗志与乐观的精神状态？那就是相信未来，相信眼前的一切磨难和挫折都是奔向那光明未来途中必须付出的辛苦。

15.13 子曰："已矣乎，吾未见好德如好色者也。"

[译文]

夫子说："算了吧，我没见过爱慕德行就像爱慕美色的人。"

[疏解]

知道慕少艾，不过生理本性。知道爱慕品德，才是伦理品性。

15.14 子曰："臧文仲其窃位者与[1]？知柳下惠之贤[2]，而不与立也[3]。"

[译文]

夫子说："臧文仲大概是个居官位却不尽责的人吧？明知柳下惠贤良，却不援引举荐与之并立大夫之位。"

[注释]

1 臧文仲：鲁国大夫，历仕鲁庄公、鲁闵公、鲁僖公、鲁文公四朝，知贤而不举，故孔子批评他"不仁""窃位"。窃位：窃据高位，指占有官位而不称职、不尽责。

2 柳下惠：鲁国大夫，姓展，名获，字禽，又名展季。他的封地（一说是居处）叫“柳下”；死后，由他的妻子倡议，给他的“私谥”为“惠”，故称“柳下惠”。（《列女传》）

3 与立：一说“并立”，朱子《集注》：“与立，谓与之并立于朝。”一说“立”同“位”（俞樾《群经平议》），杨伯峻取之，“与立”，即“与位”，给予官位。我取朱子说。

［疏解］

天下的官职是天下人的，唯能者居之。手握官位，不给称职的人，就是窃位。

15.15　子曰：“躬自厚而薄责于人[1]，则远怨矣[2]。”

［译文］

夫子说：“多责备自己而少责备别人，就可以避开怨恨了。”

［注释］

1 躬自厚：即“躬自厚责”，“责”字探下文“薄责”省略，意为多责备自己。薄责于人：少责备别人。

2 远：远离，避开。

［疏解］

多责备自己，就能让自己远离错误；少责备别人，就能让别人亲近自己；多责备自己少苛责别人，就能减少心中对他人的埋怨。

15.16 子曰："不曰'如之何，如之何'者，吾末如之何也已矣。"[1]

［译文］

夫子说："（遇事）不说'怎么办，怎么办'向人求助的人，我对他也没法施助啊。"

［注释］

1 如之何：犹言怎么办，多为求助语。曰如之何者：求助于人也。末如之何者：无法帮到他也。"末"，义同"无"。

［疏解］

这是在说"临事而惧，好谋而成"。（7.11）

15.17 子曰："群居终日，言不及义，好行小慧，难矣哉！"

［译文］

夫子说："一堆人聚在一处，说的话从不涉及义理，还好卖弄小聪明，（对这种人）真难啊！"

［疏解］

三者的关键是第一句：群居终日。一旦群居终日，必然言不及义，且好行小慧。

15.18　子曰："君子义以为质[1]，礼以行之，孙以出之[2]，信以成之。君子哉！"

［译文］

夫子说："君子（做事）以适宜为原则，依礼节来实行，以谦逊来表达，以忠诚来完成，君子就这样啊！"

［注释］

1 质：本意为本质、质地，引申为基本原则、根本。

2 出：出言，表达。有成语"出言不逊"与此意正相反。

［疏解］

义为做事之本，礼为行事之规，逊乃临事之态，信为成事之责——不成则不信。

做事，出乎义，行乎礼，临以逊，成以信。

15.19　子曰：“君子病无能焉，不病人之不己知也。”

［译文］

夫子说：“君子只忧虑（自己）没有才能，不忧虑别人不了解自己的才能。”

［疏解］

无能，是自己的事，要自己操心。

不为人知，是别人的事，无须牵挂。

15.20　子曰：“君子疾没世而名不称焉。”

［译文］

夫子说：“君子很怕死后名声不被人称颂啊。”

［疏解］

人，若死而速朽，很快从人们的记忆中消失，肯定是因为他没有做过什么于人有益的事。故君子非求名也，求事业建树与有益于世道人心也。

15.21 子曰："君子求诸己，小人求诸人。"

［译文］

夫子说："君子要求自己，小人要求别人。"

［疏解］

君子总是磨砺自己，小人总是算计别人。

15.22 子曰："君子矜而不争，群而不党。"

［译文］

夫子说："君子庄重矜持而不争夺，合群而不结小宗派。"

［疏解］

君子只是无私，故不争，不党。

15.23 子曰："君子不以言举人，不以人废言。"

［译文］

夫子说："君子不根据人的言论提拔人才，又不因人的人品而废弃他（有价值）的言论。"

［疏解］

第一句是说言不足据。第二句又说言有其独立价值。

15.24　子贡问曰：“有一言而可以终身行之者乎？”子曰：“其‘恕’乎！己所不欲，勿施于人。”

［译文］

子贡问道：“有一句话而可以终身奉行的吗？”夫子说：“那就是‘恕’吧！自己不愿意的，不要强加给别人。”

［疏解］

“忠”是对别人做有益的事；“恕”是不对别人做有害的事。

15.25　子曰：“吾之于人也，谁毁谁誉？如有所誉者，其有所试矣。（斯民也，三代之所以直道而行也[1]。）”

［译文］

夫子说：“我对于别人，诋毁过谁？赞誉过谁？如有所赞誉，那是经过了考验的。（因了这样的人，夏、商、周三代才能直道而行。）”

[注释]

1 “斯民也”句：“斯”，此，如此。“民”，人。“三代”，指夏、商、周。此句与上文语气不顺，疑此一句是错简在此，本应在下一章。详下。

[疏解]

毁誉即是评价，社会的评价系统是社会价值观的直接体现。评价的偏颇，就是价值的偏颇。价值一旦失落，评价系统就会出问题；而价值体系的坚挺，也会使社会舆论激浊扬清，使整个社会行走在正道上。

15.26 子曰：“吾犹及史之阙文也，有马者借人乘之[1]。（斯民也，三代之所以直道而行也。）今亡矣夫。”[2]

[译文]

夫子说：“我还能看到史书存疑的地方，（这是古人诚实，不知必阙之，以待能者，绝不以己意妄断。）犹如有马的人不善驯马，必借助别人来调服（而自己决不逞能）。（因这样的人啊，夏商周三代才能直道而行。）（这种人）今天没有了啊。”

[**注释**]

1 借：藉也，依赖，凭借。

2 这段文字很难连贯理解。首先，“吾犹及史之阙文也”与“有马者借人乘之”之间，不知如何联系，杨伯峻《论语译注》：“包咸的《论语章句》和皇侃的《义疏》都把它们看成两件不相关的事。宋叶梦得《石林燕语》却根据《汉书·艺文志》的引文无‘有马’等七个字，因疑这七个字是衍文。其他穿凿的解释很多，依我看来，还是把它看为两件事较妥当。又有人说这七字当作‘有焉者晋人之乘’（见《诂经精舍六集》卷九〈方赞尧有马者借人乘之解〉），更是毫无凭据的臆测。”我把“阙文”和“借人乘之”理解为一种借喻关系，前一句为本体，后一句为喻体，说明古人诚实不欺，不掩己陋而善假于物也，中间省略了喻词。具体见译文。其二，“有马者借人乘之”与“今亡矣夫”的联结也很突兀。“有马者借人乘之”，何晏《集解》引包咸说：“有马不能调良，则借人乘习之。”或解如子路车马与朋友共。不管这两种解释的哪一种，都不应该得出“今亡矣夫”的结论，前一种“有马不能调良，则借人乘习之”，势在必然，如何今人弃之？弃之则今人如何调马？第二种，则子路就是车马与朋友共之例，何言今亡矣夫。故我疑上一章之“斯民也，三代之所以直道而行也”一句，是错简，应该在本章“今亡矣夫”之前，则本章全章为：子曰：

“吾犹及史之阙文也，有马者借人乘之。斯民也，三代之所以直道而行也。今亡矣夫。”以“三代”对“今”，发今古之慨，正当其宜。

［疏解］

史阙文者，史官记事，有疑即宁阙不臆，以俟君子，这是谨慎认真。马未驯服，借能人代为驯服，这是诚实，也是君子善假于物，故孔子以此借喻古人书史之谨慎不欺。

15.27　子曰：“巧言乱德。小不忍[1]则乱大谋。”

［译文］

夫子说：“花言巧语会败坏道德。小事不放下就会坏了大事。”

［注释］

1 诸多版本解释“小不忍”为“小事不能忍耐”。但，忍，在先秦典籍里，多做“忍心”解，不做“忍耐”解，“不忍”，即不忍心，不舍得。

［疏解］

孔子对“巧言”——能说会道特别反感，他特别警惕

“巧言”对德行的破坏。

15.28 子曰：“众恶之，必察焉；众好之，必察焉。”

[译文]

夫子说：“众人都厌恶他，一定要仔细考察这个人；众人都喜欢他，一定要仔细考察这个人。”

[疏解]

众好众恶，必有不真实的东西在。

15.29 子曰：“人能弘道，非道弘人。”

[译文]

夫子说：“人能够弘扬道，不是道能弘扬人。”

[疏解]

道就在我们的行为举止里。如果我们的行为举止合乎道，道就在。如果我们行为举止不合乎道，道就消失了。

15.30 子曰：“过而不改，是谓过矣。”

[译文]

夫子说："有过错而不改，这叫又错了。"

[疏解]

"过而改之，是不过也"（《韩诗外传》引孔子话），这话与本则正好相对。

15.31 子曰："吾尝终日不食，终夜不寝，以思，无益，不如学也。"

[译文]

夫子说："我曾经整天不吃饭，整夜不睡觉，冥思苦想，对自己的知识没有什么进益，不如去学习。"

[疏解]

知识有两个来源，直接知识和间接知识。直接知识，自家领悟、实践而来。这类知识的获得，从效率和总量上讲，不及通过向他人学习而来的间接知识。

15.32 子曰："君子谋道不谋食。耕也，馁在其中矣；学也，禄在其中矣。君子忧道不忧贫。"

［**译文**］

夫子说："君子谋求道义，不谋求衣食。耕田，未必不挨饿；学习知识谋求大道，则反而可能获得俸禄。君子只担忧道义不行，不担忧自家贫穷。"

［**疏解**］

前后两句，谋道忧道，陈义极高。

中间两句，耕学馁禄，属意平实。

一如慈父劝子，悬帜甚高而立足家常。墨子劝学而许人做官，皆此类也。

15.33　子曰："知及之，仁不能守之，虽得之，必失之。知及之，仁能守之，不庄以莅之[1]，则民不敬。知及之，仁能守之，庄以莅之，动之不以礼，未善也。"

［**译文**］

夫子说："依靠聪明才智得到的，（如果）不能用仁德去守，虽然得到了，也必定会失去。依靠聪明才智得到的，能够用仁德去守，（但如）不用庄重严肃的态度去对待，百姓也不会敬服。依靠聪明才智得到的，能用仁德去守住它，又能用庄重严肃的态度去认真对待，（但是）行为不合礼义，也不是完善的。"

［注释］

1 莅（lì）：此处意为面临、面对，引申为对待、处理。

［疏解］

得天下可以用智，守天下必须用仁，治天下需要庄重严肃，政策行为还得合乎礼。

15.34 子曰：“君子不可小知而可大受也[1]，小人不可大受而可小知也。”

［译文］

夫子说：“君子，不可从他做的小事情上来考察他，但他是可承担大事的；小人，不可让他接受重大任务，而可从小事情上来使用他。”

［注释］

1 小知：即从其所做的小事情上来观察他。“知”，考察。受：受命，受任。

［疏解］

君子做小事，未必做得好，故不可小知，但材堪大用。

小人不堪大用，但未必一无是处。做些小事，往往倒做得好。

15.35 子曰：“民之于仁也，甚于水火。水火吾见蹈而死者矣，未见蹈仁而死者也。”

［译文］

夫子说：“人民需要仁德，比在日常生活中对水火的需要更急切。我见过溺水蹈火而死的，却没见过实践仁德而死的。”

［疏解］

人的自然生命需要水火，人的道德生命需要仁德。水火有时还会伤人，仁德只会护佑人。

15.36 子曰：“当仁不让于师。”

［译文］

夫子说：“面对着仁德，即使对老师，也不必谦让。”

［疏解］

这正应着亚里士多德的话：“吾爱吾师，吾更爱真理。”

15.37 子曰：“君子贞而不谅[1]。”

[译文]

夫子说："君子守信却不固执。"

[注释]

1 贞：守信。谅：同"勍"，固执。

[疏解]

守信，但不要固执。

15.38 子曰："事君，敬其事而后其食[1]。"

[译文]

夫子说："事奉君主，先恭敬谨慎地办事，再考虑俸禄的事。"

[注释]

1 食：食禄，俸禄，官吏的薪水。

[疏解]

先尽责任，再享权利，俸禄是做事的报酬。

15.39 子曰："有教无类。"

［译文］

夫子说："有教育，就应该不分人群（地给他们受教育的机会）。"

［疏解］

孔子提倡全民教育，希望所有的人都有受教育的机会。

15.40 子曰："道不同，不相为谋。"

［译文］

夫子说："信念、主张不同，就不能在一起谋划。"

［疏解］

"不相为谋"者，"未可与谋"也。

15.41 子曰："辞达而已矣。"

［译文］

夫子说："言辞足以表达意思就行了。"

［疏解］

"而已矣"的语气，是表示限定，到此为止。

15.42 师冕见[1]，及阶，子曰："阶也。"及席，子曰："席也。"皆坐，子告之曰："某在斯，某在斯。"师冕出，子张问曰："与师言之道与？"子曰："然，固相师之道也[2]。"

［译文］

师冕来见孔子，走到台阶边，夫子说："台阶到了。"走到座席边，夫子说："这是座席。"大家都坐下后，夫子告诉他说："某人在这里，某人在那里。"师冕走了以后，子张问："这就是与乐师讲话的方式吗？"夫子说："是的，这本就是帮助盲人乐师的方式。"

［注释］

1 师：盲乐师。冕：这位盲乐师的名字。

2 相：为盲人引路叫"相"。

［疏解］

"仁"就体现在待人接物的日常举止中。

季氏篇第十六

16.1　季氏将伐颛臾[1]。

冉有、季路见于孔子曰[2]：“季氏将有事于颛臾[3]。”

孔子曰：“求，无乃尔是过与[4]？夫颛臾，昔者先王以为东蒙主[5]，且在邦域之中矣，是社稷之臣也[6]，何以伐为[7]？”

冉有曰：“夫子欲之[8]，吾二臣者皆不欲也。”

孔子曰：“求！周任有言曰[9]：‘陈力就列[10]，不能者止。’危而不持，颠而不扶，则将焉用彼相矣[11]？且尔言过矣。虎兕出于柙[12]，龟玉毁于椟中[13]，是谁之过与？”

冉有曰：“今夫颛臾，固而近于费[14]。今不取，后世必为子孙忧。”

孔子曰："求！君子疾夫舍曰欲之而必为之辞[15]。丘也闻有国有家者，不患寡而患不均，不患贫而患不安。盖均无贫，和无寡，安无倾[16]。夫如是，故远人不服，则修文德以来之。既来之，则安之。今由与求也，相夫子，远人不服而不能来也；邦分崩离析而不能守也；而谋动干戈于邦内。吾恐季孙之忧，不在颛臾，而在萧墙之内也[17]。"

［译文］

季氏将要讨伐颛臾。

冉有、子路两人来见孔子，说："季氏将对颛臾有所行动。"

孔子说："冉求！这难道不该归咎于你吗？颛臾，上代国君曾经授权它主持东蒙山的祭祀，而且就在鲁国的疆域之中，是和我们鲁国共安危的臣属，有什么理由讨伐他呢？"

冉有说："季氏要这样干。我们两位下属都不愿意。"

孔子说："冉求！周任有句话说：'依据自己的实际才力担任职务；没有这个能力，就该辞职。'（现在的情形就如同盲人）遇到危险你不扶，摔倒在地你不搀，那么，用您这个'相'做什么呢？而且你的话错了。老虎、犀牛从关它的笼子里跑了出来，占卜用的龟甲、祭祀用的玉器在木匣中被毁坏了，这是谁的责任呢？"

冉有说："如今颛臾城墙坚固，而且离费邑很近。现在不攻取它，后世必然成为子孙的祸患。”

孔子说：“冉求！君子厌恶那种嘴上不明说‘想要’，却要找个借口的人。我听说，对于拥有国家的诸侯和拥有采邑的大夫来说，他们要担心的不是财少，而是分配不均；要担心的不是贫穷，而是社会不安定。因为财富分配均匀了，就无所谓财少；国内和睦团结了，就不显得贫穷；社会安定了，国家就没有倾覆的危险。做到了这样，远方的人还不归服，便再提倡仁义礼乐道德教化，以招徕他们。（远方的人）来归附以后，就使他安心住下来。现在仲由、冉求你们二人辅佐季康子，远处的人不归服而不能招徕他们；国家四分五裂而不能保全；反而打算在国境之内使用武力。我只怕季孙氏的忧患，不在颛臾，而在于萧墙之内呢。”

［注释］

1 季氏：指季康子季肥。颛臾（zhuān yú）：附属于鲁国的一个小国。故城在今山东省费县西北八十里。

2 冉有、季路：此时他俩在季氏手下做官。子路冉求同来，论齿当子路在前，而此篇冉求在前，盖冉求在季氏那里地位和影响力高于子路，故下文孔子亦独责冉求。

3 有事：采取军事行动的委婉说法。

4 本篇格式与其他篇不同：他篇“子曰”处本篇皆书“孔子曰”。无乃：岂不是，恐怕是，难道不是。过：动词，责备，归罪。尔是过：过尔，归罪于你。

5 先王：上代国君。东蒙主：谓主祭东蒙山。“东蒙”，即蒙山。因在鲁国东部，故称东蒙。“主”，主持祭祀。

6 社稷之臣：国家的重臣。

7 何以伐为：“何以”，以何，有什么理由。“为”，语气助词。有什么理由讨伐他呢？

8 夫子：这里指季康子。

9 周任：古代的一位史官。

10 陈力：凭借、依据自己的才力。就列：走进当官的行列，担任职务。

11 相：辅佐，帮助。古时称扶引盲人的人叫“相”。后引申为宰相、丞相等义。

12 柙（xiá）：关猛兽的木笼子。

13 椟（dú）：木制的柜子，匣子。

14 费（bì）：现在可以读fèi。季氏的采邑。在今山东省费县西南。颛臾与费邑相距仅七十里，故说“近于费”。

15 疾：厌恶，痛恨。辞：推辞，借口。

16 “不患贫”句：此“不患寡而患不均，不患贫而患不安”一句，自俞樾《群经平议》认为当作“不患贫而患不均，不患寡而患不安”后，一般注家都从之。实际上，“寡”与“均”相对，“贫”与“安”相对，正合适。有可能弄错的倒在下一句：“均无贫，和无寡”，应为“均无寡，和无贫”。上面译文以此为据。

17 萧墙之内：“萧墙”，宫殿当门的小墙，或称“屏”。古代臣子进见国君，至屏而肃然起敬，故称“肃墙”。“萧”“肃”古字通。这里用“萧墙”，借指宫内。当时鲁国的国君鲁哀公名义上在位，实际上政权被季康子把持；这样发展下去，总有大祸临头的一天。所以孔子含蓄地说了这话。

［疏解］

季氏谋动干戈于邦内，孔子反对。更令孔子生气的是，他自己的两个弟子还帮助季氏。这两个弟子知道孔子的态度，心中虚怯，便先来讨口风，卖卖乖。孔子气不打一处来，把季氏、冉求、子路绑在一起，骂了个痛快。

16.2 孔子曰：“天下有道，则礼乐征伐自天子出；天下无道，则礼乐征伐自诸侯出。自诸侯出，盖十世希不失矣[1]；自大夫出，五世希不失矣；陪臣执国命[2]，三世希不失矣。天下有道，则政不在大夫。天下有道，则庶人不议。”

［译文］

孔子说：“天下有道，礼乐之事和征伐之事都由天子决定；天下无道，礼乐之事和征伐之事便由诸侯决定。由诸侯决定，大概十代左右就很少有不丧失政权的；由大夫做决定，五代左右就很少有不丧失政权的；由家臣来掌握国家的命运，三代左右就很少有不丧失政权的。天下有道，国家政治不会取决于大夫。天下有道，黎民百姓就不议论朝政了。”

［注释］

1 希：同“稀，少有。

2 陪臣：卿、大夫的家臣。

［疏解］

天子管不了鲁君，鲁君要听季氏的，季氏又要听阳货的……在孔子看来，这是国家政治权力秩序极度混乱的表现，其结果便是天下大乱，国破家亡。

16.3 孔子曰：“禄之去公室五世矣[1]，政逮于大夫四世矣[2]，故夫三桓之子孙微矣[3]。”

［译文］

孔子说：“国家政权离开鲁君已经有五代了，政权落在大夫季孙氏手里有四代了（现在，家臣们又控制了大权），三桓的子孙也衰微了。”

［注释］

1 禄：爵禄。这里指封爵任职的国家权力。公室：指诸侯国政权之核心机构或集团，此指鲁国公室。公元前608年，鲁文公死，大夫东门遂杀嫡长子子赤而立宣公，控制了鲁国大权。后来，鲁国大权又落到季氏手里，经成公、襄公、昭公、定公（孔子说这话的时候），鲁国国君大权旁落已历五世，其中季氏专权，已经四世。

2 逮：及，到。四世：指季孙氏文子、武子、平子、桓子四代。

3 三桓：即鲁国的“三卿”：季孙氏，叔孙氏，孟孙氏。因这三家都是鲁桓公的后代，故称“三桓”。这三家一直掌握鲁国政权，到鲁定公时，又出现“陪臣执国命”的局面，大权又落到阳货等家臣手里，三桓势力一度衰弱。

［疏解］

这是孔子感伤父母之邦鲁国的衰微。

16.4 **孔子曰**：“益者三友，损者三友。友直，友谅[1]，友多闻，益矣。友便辟[2]，友善柔[3]，友便佞[4]，损矣。”

[译文]

孔子说："有益的朋友三种，有害的朋友三种。与正直的人交友，与诚信的人交友，与见闻广博的人交友，是有益的。与行为不轨的人交友，与谄媚奉承的人交友，与花言巧语的人交友，是有害的。"

[注释]

1 自"友直"以下的六个"友"，都作动词，"与……交友"意思。谅：诚实。

2 便辟（pián pì）：行为不轨，举止不端。

3 善柔：巧于奉承，谄媚讨好。

4 便佞（pián nìng）：花言巧语，华而不实。

[疏解]

交友如何，对人一生事业的成败、生活的穷通，至关重要。

16.5 **孔子曰："益者三乐[1]，损者三乐。乐节礼乐，乐道人之善，乐多贤友，益矣。乐骄乐，乐佚游，乐晏乐，损矣。"**

[译文]

孔子说："对人有益的爱好有三种，对人有损的爱好有三种。爱好礼乐的调节，爱好称道别人的优点，爱好有很多贤德的友人，这些是有益的。爱好骄奢放肆，爱好游手好闲，爱好宴饮纵欲，这些是有害的。”

[注释]

1 乐（yào）：意指心中所好。

[疏解]

爱好什么，就会成就什么。或成就事业，或成就灾祸。

16.6 孔子曰：“侍于君子有三愆[1]：言未及之而言谓之躁；言及之而不言谓之隐；未见颜色而言谓之瞽。”

[译文]

孔子说：“侍奉君子坐着时有三种过失：还未轮到说话就抢先说话叫躁；该说话时还不说叫隐；不看（别人）脸色喋喋不休叫瞽。”

[注释]

1 愆（qiān）：过失，差错。

［疏解］

君子与人交流，要“察言而观色”（12.20），说话要看场合，要看人脸色，要坦诚，这是自家教养有眼色，也是对他人的尊重和体谅。

16.7 孔子曰：“君子有三戒：少之时，血气未定，戒之在色；及其壮也，血气方刚，戒之在斗；及其老也，血气既衰，戒之在得。”

［译文］

孔子说：“君子有三戒：年轻时，血气还不成熟，要戒备的是贪恋女色；到了壮年时，血气正旺盛，要警惕的是争强好斗；到了老年时，血气已经衰弱，要戒的是贪得无厌。”

［疏解］

孔子深察人性的弱点，并且了解这些弱点在不同生命阶段的表现。

16.8 子曰：“君子有三畏：畏天命，畏大人[1]，畏圣人之言。小人不知天命而不畏也，狎大人[2]，侮圣人之言。”

［译文］

孔子说："君子有三畏：敬畏天命，敬畏德高望重的人，敬畏圣人的话。小人不知天命而不畏，不尊重德高望重的人，蔑视圣人的话。"

［注释］

1 大人：一般指地位高者，《论语集释》引《朱子语录》："大人不止有位者，是指有位有齿有德者。"当从。

2 狎（xiá）：狎侮，轻慢，不尊重。

［疏解］

人，总要有所敬畏。一个没有敬畏心的人，是可怕的人，也是靠不住的人。

16.9　孔子曰："生而知之者，上也；学而知之者，次也；困而学之，又其次也；困而不学，民斯为下矣。"

［译文］

孔子说："生来就知道的，是上等；经过学习然后知道的，是次一等；实践中遇到问题然后再学习，是再次一等；遇到不懂的问题还不学习，这样的百姓就是下等的了。"

［疏解］

生而知之者，神也；学而知之者，圣也；困而学之，众人也；困而不学，下愚不移之人也。

人是有高低贵贱之别的，这种差别，不是来自血缘、出身，而是自身的修为。

16.10 孔子曰："君子有九思：视思明，听思聪，色思温，貌思恭，言思忠，事思敬，疑思问，忿思难[1]，见得思义。"

［译文］

孔子说："君子有九个方面用心想着：看，想着如何看得清；听，想着如何听得明；脸色，想着如何温和；态度，想着如何庄重；说话，想着如何忠诚老实；做事，想着如何认真谨慎；有疑难，想着如何请教别人；发脾气，想着会有什么后患；见到财利，想着是否该得。"

［注释］

1 难（nàn）：灾难，后患。

［疏解］

君子对自己的感官、理智、情感、道德，都特别在意修炼。在不断的修炼里，提升自己感觉的敏锐、理智的深刻、情感的纯正和道德的高尚。

16.11 孔子曰："见善如不及，见不善如探汤[1]。吾见其人矣，吾闻其语矣。隐居以求其志，行义以达其道。吾闻其语矣，未见其人也。"

[译文]

孔子说："看见仁善，趋之生怕赶不上；看见邪恶，避之如手入开水。我见过这种人，我听过这种话。隐居避世来保全自己的志向，遵行道义来贯彻自己的主张，我听过这种话，没见过这种人。"

[注释]

1 探汤：把手伸到滚烫的水里，指要赶紧躲避开。"汤"，开水，热水。

[疏解]

趋避之间，见出人的追求。近朱者赤，近墨者黑，"蓬生麻中，不扶自直，白沙在涅，与之俱黑"（《荀子·劝学》）。

16.12 齐景公有马千驷[1]，死之日，民无德而称

焉。伯夷、叔齐饿于首阳之下[2]，民到于今称之。（诚不以富，亦只以异。）[3]其斯之谓与？

［译文］

齐景公有四千匹马，他死的时候，人民找不到他的什么美德来称颂，伯夷、叔齐饿死在首阳山下，人民至今还在称颂他们。（人是否受称颂，确实不在于富或不富，也就只为品德不同。）说的就是这个意思吧？

［注释］

1 千驷：古代一辆车套四匹马，驷就是四匹马的统称。千驷就是四千匹马。

2 首阳：首阳山，在今山西省运城（一说永济）县南，为当年伯夷、叔齐采薇隐居处。参见5.23注。

3 “诚不”二句：这两句原在12.10中。程颐说应加在这里，与后句“其斯之谓与”衔接。

［疏解］

在历史上，谁仅仅因为富有而被人们记诵称誉呢？恰恰相反，那些品行高尚有所贡献的贫寒之士，往往永垂不朽。

16.13 陈亢问于伯鱼曰[1]：“子亦有异闻乎？”

对曰："未也。尝独立，鲤趋而过庭。曰：'学《诗》乎？'对曰：'未也。''不学《诗》，无以言。'鲤退而学《诗》。他日，又独立，鲤趋而过庭[2]。曰：'学礼乎？'对曰：'未也。''不学礼，无以立。'鲤退而学礼。闻斯二者。"

陈亢退而喜曰："问一得三，闻《诗》，闻礼，又闻君子之远其子也[3]。"

［译文］

陈亢问伯鱼道："您（在您父亲那里）听到过什么与别人不同的教导吗？"

伯鱼回答："没有。有一天，（我父亲）一个人站在那里，我快步经过庭院。（父亲）问：'学过《诗经》吗？'我回答：'没有。'父亲说：'不学《诗经》，就不会说话。'"我回去就学《诗经》。又一天，父亲又一个人站在那里，我快步经过庭院。父亲问：'学过礼吗？'我回等：'没有。'父亲说：'不学礼，不能在社会立足。'我回去就学礼，我只得到这两次教导。"

陈亢回去高兴地说："问了一件事，得到三个收获：听到学《诗经》的意义，听到学礼的好处，也听到君子并不偏向自己的儿子。"

［注释］

1 陈亢：见1.10注。伯鱼：孔子的儿子，名鲤，字伯鱼。

2 趋：小步快速而行，以示恭敬。

3 远：不亲近。这里指对自己的儿子不偏爱，没有特殊照顾和过分关照。

［疏解］

7.24之“子曰：‘二三子以我为隐乎？吾无隐乎尔。吾无行而不与二三子者，是丘也。’”或当时如陈亢者，不止一陈亢也。

16.14 邦君之妻，君称之曰夫人，夫人自称曰小童；邦人称之曰君夫人，称诸异邦曰寡小君[1]；异邦人称之亦曰君夫人。

［译文］

国君的妻子，国君称她为“夫人”，夫人自称为“小童”；国内的人称她为“君夫人”，在对其他国家的人说到时就称为“寡小君”；其他国家的人也称呼她为“君夫人”。

［注释］

1 诸：“之于”的合音。

［疏解］

此则钱穆列为“附记混入正文之误”“皆或与孔门无关，或文义不类，疑皆非原有之正文也。（本崔述《洙泗考信录》）”（《四书释义》）

阳货篇第十七

17.1　阳货欲见孔子[1]，孔子不见。归孔子豚[2]。孔子时其亡也[3]，而往拜之。

遇诸涂[4]。

谓孔子曰："来！予与尔言。"曰："怀其宝而迷其邦[5]，可谓仁乎？"

曰："不可。"

"好从事而亟失时[6]，可谓知乎？"

曰："不可。"

"日月逝矣，岁不我与。"

孔子曰："诺，吾将仕矣。"

［译文］

阳货想让孔子去拜见他，孔子不去见。他给孔子赠送一只（蒸熟的）小猪。孔子暗中打听到阳货不在家，才假装去回拜他。

两人却在途中遇见了。

（阳货）对夫子说：“过来！我跟你说。”（孔子只好走过去，阳货）说：“把自己的才能藏起来，而听任国家迷乱，可以称为仁吗？”

（孔子）说：“不可以。”

（阳货又说：）“喜欢参与政事而又屡次错过机会，可以称为智吗？”

（孔子）说：“不可以。”

（阳货又说：）“时光流逝了，年岁也不等人啊。”

孔子说：“好吧，我准备出仕吧。”

［注释］

1 阳货：又名阳虎，杨虎。鲁国季氏的家臣。此时掌握着季氏一家的大权，并通过控制季氏而掌握了鲁国的大权，是孔子说的“陪臣执国命”（16.2）的人物。他此时想拉拢孔子为他出力，孔子当然避着他。

2 归：同“馈”，赠送。豚（tún）：小猪。这里指蒸熟了的小猪。按周礼，大夫给士送礼物，如果士没能在家里接受，就要回拜大夫。阳货即以此来逼迫孔子回拜，以造成孔子投靠的舆论。

3 时：同“伺”窥伺，暗中打听。亡：同“无”。这里指不在家。

4 涂：即“途”。途中。

5 迷其邦：听任自己的国家迷乱动荡。

6 亟（qì）：屡次。

［疏解］

这一段对话，虽然阳货言之凿凿、敦之切切，而孔子也表现出不争不辩、洗耳恭听的风度，给了阳货很大的面子，但是，孔子其实也给了阳货一个明确的信号：只要你把持鲁国政坛，我就不可能出来从政。

17.2　子曰：“性相近也，习相远也。”

［译文］

夫子说：“人性是相近的，不同的环境与后天习得又使人与人相距很远了。”

［疏解］

参见17.3。

17.3 子曰：“唯上知与下愚不移。”

［译文］

夫子说：“只有上等智慧的人和下等愚笨的人是不能改变的。”

［疏解］

问：“上智下愚，如何不可移？”先生曰：“不是不可移，只是不肯移。”（《传习录》第109条）

困而不学，当然不能移。困而不学者，就是下愚之人。

此章与上一章合一，解释后天习得对人的影响。上智之人，不会被环境濡染变坏；下愚之人，则是不愿上进不愿通过后天习得变好。

17.4 子之武城[1]，闻弦歌之声。夫子莞尔而笑[2]，曰：“割鸡焉用牛刀？”子游对曰：“昔者偃也闻诸夫子曰：‘君子学道则爱人，小人学道则易使也。’”子曰：“二三子，偃之言是也。前言戏之耳[3]。”

［译文］

夫子到了武城，听见弹琴唱歌的声音。夫子莞尔一笑，说：“杀鸡哪里用得着宰牛的刀呢？”子游回答说：“过去我言偃听夫子说：‘君子学了道，就能惠爱百姓；老百姓学了道，就容易听使唤了。’”夫子说：“各位，言偃的话对啊。我刚才的话是开个玩笑罢了。”

［注释］

1 武城：鲁国的一个小城邑。言偃（子游）：孔子学生，此时任武城行政长官。

2 莞（wǎn）尔：微笑的样子。

3 戏：戏言，开个玩笑。

［疏解］

孔子会和弟子们开玩笑，并不像后人想象的那样不苟言笑。

17.5　公山弗扰以费畔[1]，召，子欲往。子路不说，曰：“末之也已[2]，何必公山氏之之也[3]？”子曰：“夫召我者，而岂徒哉[4]？如有用我者，吾其为东周乎[5]！”

［译文］

公山弗扰占据费邑叛乱，来召请，夫子想去。子路不高兴了，说：“没有可去的地方就算了嘛，为什么非去公山氏那里不可呢？”夫子说：“他召我去的目的，难道是白白召的吗？如果有用我的人，我是要在东方复兴周公之道啊！”

［注释］

1 公山弗扰：可能就是《左传》提到的公山不狃（niǔ）。季氏家臣，后据费邑叛季氏。公山弗扰以费畔，召孔子：若此事是指定公十二年之事，则此时孔子为鲁司寇，推行“堕三都”，公山弗扰不肯堕，叛，岂有召孔子之理，孔子又焉能有欲往之理。故此事或指定公八年阳货叛乱，公山弗扰据费，阴观成败，暗为呼应，故《论语》亦被称为“叛”。他大约知道孔子不满季氏，所以才想来召他，而公山弗扰与阳货不同，或许孔子对他抱有幻想，故欲往。畔：同“叛”。

2 末之也已：没有可去的地方就算了。“末”，没有。“之”，去，往。“已”，止，算了。

3 “何必公山氏之之也”句：“何必之公山氏也”的倒装。第一个“之”，起倒装作用，后一个“之”去，往。

4 “而岂徒哉”：省略句，说完全是“而岂徒召我哉！”难道是白白召我吗？

5 吾其为东周乎：言兴周公之道于东方。

［疏解］

孔子太想有一块用武之地、一块试验场让他实践他的政治理论，实现他的政治理想了。

17.6 子张问仁于孔子[1]。孔子曰：“能行五者于天

下，为仁矣。”“请问之。”曰：“恭，宽，信，敏，惠。恭则不侮，宽则得众，信则人任焉，敏则有功，惠则足以使人。”

［**译文**］

子张向孔子问怎样才算仁。孔子说：“能在天下做到五点，算是仁了。”（子张说：）“请问哪五点？”（孔子）说：“恭敬，宽容，忠信，勤敏，慈惠。恭敬就不会侮辱别人；宽容就能获得众人拥戴；忠信别人就会任用你；勤敏就能建立功业；慈惠就足以役使别人。”

［**注释**］

1 “于孔子”三字，与《论语》一般体例不同。一般弟子问，都不加“于孔子”。下句“孔子曰”也不符合一般弟子问，只说“子曰”的体例，且后面“曰”前又无“孔子”或“子”。此章或者是后来者从其他书籍编采而来。

［**疏解**］

恭敬、宽容、守信、勤敏、慈惠，这样才能得众，才能有所成功。

17.7 **佛肸召[1]，子欲往。子路曰：“昔者由也闻诸**

夫子曰：‘亲于其身为不善者，君子不入也。’佛肸以中牟畔[2]，子之往也，如之何？”子曰：“然，有是言也。不曰坚乎，磨而不磷[3]？不曰白乎，涅而不缁[4]？吾岂匏瓜也哉[5]？焉能系而不食？”

［**译文**］

佛肸召请，夫子想去。子路说：“从前我从老师那里听说过：‘亲身做坏事的人那里，君子是不去的。’如今佛肸据中牟叛乱，您却要去，怎么说呢？”夫子说：“是的，我说过这话。不是有这样的话吗？坚硬啊，磨也磨不薄，洁白啊，染也染不黑。我难道是个匏瓜吗？怎么能只挂在那里而不给人吃呢？”

［**注释**］

1 佛肸（bì xī）：晋国大夫范中行的家臣，中牟城的行政长官。公元前490年，晋国赵简子攻打范氏，包围中牟，佛肸据守中牟抵抗。子路说他叛乱，即指此事。佛肸此时召请孔子，也是想借重孔子的名望。（《左传·哀公五年》）

2 中牟：晋国地名，约在今河北省邢台市和邯郸市之间。与河南中牟无关。畔：同“叛”。

3 磷（lìn）：薄，磨薄。

4 涅（niè）：一种黑色矿物，可用作黑色染料。这里作动词用，染黑。缁（zī）：黑色。

5 匏（páo）瓜：葫芦的一种，一般不作食用。

［疏解］

一会儿要去公山弗扰那儿，一会儿又要去佛肸那儿。这两个人哪是孔子看得上的人呢！他只是看中了一块地方——他想找一块政治试验田啊！

17.8 子曰："由也，女闻六言六蔽矣乎[1]？"

对曰："未也。"

"居[2]！吾语女。好仁不好学，其蔽也愚；好知不好学，其蔽也荡[3]；好信不好学，其蔽也贼[4]；好直不好学，其蔽也绞[5]；好勇不好学，其蔽也乱；好刚不好学，其蔽也狂。"

［译文］

夫子说："仲由，你听说过六种德行和六种伴随而来的弊病吗？"

子路回答："没有。"

夫子说："坐下！我来告诉你。爱仁德却不爱学习，其弊病是愚蠢；爱聪明却不爱学习，其弊病是放荡；爱诚实却不爱学习，其弊病是固执；爱正直却不爱学习，其弊病是尖刻；爱勇敢却不爱学习，其弊病是悖乱；爱刚强却不爱学习，其弊病是狂妄。”

［注释］

1 六言：六个字的德行，即下文中的仁、知、信、直、勇、刚。蔽：通“弊”，弊病。六弊：即下文的愚、荡、贼、绞、乱、狂。

2 居：坐下来。

3 荡：放荡。

4 贼：固守诺言，不问是非正义，似守信而实为“德之贼”（参见13.20；17.13。）

5 绞：尖酸刻薄。

［疏解］

学习之功用之一，在于能让我们分清伦理的边界，纠正气质的偏差，平衡性情的清浊。

17.9 子曰：“小子何莫学夫《诗》？《诗》可以兴，可以观，可以群，可以怨；迩之事父，远之事君；多识于鸟兽草木之名。”

［译文］

夫子说："弟子们何不学习《诗》呢？《诗》可以培养人的联想力，可以提高人的观察力，可以教人合群，可以让人学会发舒情怀；（学好了《诗》）在家可以事奉父母，做官可以事奉君主；还可以多认识鸟兽草木的名称。"

［疏解］

"兴"，热爱社会。"观"，理解社会。"群"，融入社会。"怨"，批判社会。

17.10 子谓伯鱼曰："女为《周南》《召南》矣乎[1]？人而不为《周南》《召南》，其犹正墙面而立也与！"

［译文］

夫子对伯鱼说："你研习《周南》《召南》了吗？人如果不学《周南》《周南》，就好像正对墙壁站着啊！"

［注释］

1 《周南》《召（shào）南》：《诗经》十五国风中的两风。《论语集释》引刘氏《正义》："二南皆言夫妇之道，为王化之始，故君子反身必先修诸己，而后可刑于寡妻，至于兄弟，以御于家邦。”又引《论语述要》：“此章即夫子告伯鱼善处夫妇之意。《周南》十一篇，言夫妇男女者九；《召南》十五篇，言夫妇男女者十一，皆无淫荡狎亵之私，而有肃穆庄敬之德；无乖离伤义之苦，而有敦笃深挚之情。夫妇道德之盛极矣。……伯鱼出妻，意当夫妇之间，必有苦痛不可言者，子特指二南为训，其有意乎？”当从。

［疏解］

伯鱼出妻，孔子特指周召二南，嘱伯鱼温习感悟，使之冲决情感樊篱而不致正墙面而立，慈父有以指点而又不失分寸，使伯鱼自觉而自决也。

17.11 子曰：“礼云礼云，玉帛云乎哉[1]？乐云乐云，钟鼓云乎哉[2]？”

［译文］

夫子说：“礼呀礼呀，（难道是指）玉帛之类的礼器吗？乐呀乐呀，（难道是指）钟鼓之类的乐器吗？”

［注释］

1 玉帛：举行礼仪时使用的礼器。

2 钟鼓：宴乐时演奏的乐器。

[疏解]

礼不仅是礼器、礼仪、礼数，其后有价值在。乐，不仅是乐器、鼓舞，其中有理念在。

17.12 子曰：“色厉而内荏[1]，譬诸小人，其犹穿窬之盗也与[2]！”

[译文]

夫子说：“神色严厉而内心怯懦，若从小人中找一类来做比喻，那就像是挖墙洞行窃的小偷吧！”

[注释]

1 色厉内荏：外表似乎很厉害很强大，其实内心懦弱胆怯。“荏（rěn）”，软弱，怯懦，虚弱。

2 穿：挖。窬（yú）：洞，窟窿。

[疏解]

用小偷的心态来比喻那些色厉内荏的人，很准确。其实，内荏才需要色厉。真正强大的人，往往不动声色。

17.13 子曰：“乡愿[1]，德之贼也[2]。”

[**译文**]

夫子说："那些'乡愿'，是败坏道德的小人。"

[**注释**]

1 乡愿：指社会上那种不论是非，不讲原则，处处讨好卖乖，时时点头哈腰，谁也不得罪，永远装公允的乡里"老好人"。

2 贼：戕害，危害。

[**疏解**]

《孟子·尽心下》："孔子曰：'过我门而不入我室，我不憾焉者，其惟乡原乎！乡原，德之贼也。'"

17.14 子曰："道听而涂说，德之弃也。"

[**译文**]

夫子说："从路上听，又在路上说，这是自我德行的废弃。"

[**疏解**]

上则讲"德之贼"，此则讲"德之弃"，宜并看。

17.15 子曰："鄙夫可与事君也与哉[1]？其未得之

也，患得之[2]。既得之，患失之。苟患失之，无所不至矣。”

［译文］

夫子说：“与鄙吝的人怎么可以在一起事奉君主呢？他没得到职位时，生怕得不到。得到后，又生怕失掉。假如（一个人）老怕失掉职位，那就无论什么事都干得出来了。”

［注释］

1 鄙夫：庸俗低级的人。

2 患得之：即“患不能得之”。

［疏解］

《荀子·子道》引孔子曰：“小人者，其未得也，则忧不得；既已得之，又恐失之。是以有终身之忧，无一日之乐也。”

17.16 **子曰：“古者民有三疾[1]，今也或是之亡也[2]。古之狂也肆，今之狂也荡；古之矜也廉[3]，今之矜也忿戾[4]；古之愚也直，今之愚也诈而已矣。”**

［译文］

夫子说：“古代的百姓有三种（可爱的）毛病，今天的人或许连那样的毛病也没有了。古代狂妄的人奔放，现在狂妄的人放荡；古代自大的人方正，现在自大的人凶暴；古代愚笨的人忠直，现在愚笨的人却还奸诈。”

［注释］

1 疾：这里指气质、品行上的缺点。

2 亡：同“无”。

3 矜（jīn）：自尊自大。廉：行为方正，不可触犯。

4 忿戾（lì）：凶恶残忍，蛮横无理。

［疏解］

国民的气质坏了，国家的气象就坏了。

17.17 子曰：“巧言令色，鲜矣仁[1]。”

［注释］

此节与第一章第3节（1.3）重。

17.18 子曰：“恶紫之夺朱也[1]，恶郑声之乱雅乐也，恶利口之覆邦家者。”

［译文］

夫子说："厌恶用紫色代替红色，厌恶用郑国的俗乐淆乱雅乐，厌恶那些巧言善辩倾覆国家的人。"

［注释］

1 紫之夺朱："夺"，改变，顶替。"朱"，大红色，传统上的正色。紫色虽与红色接近，却属于杂色。在春秋时期，鲁桓公、齐桓公都喜欢穿紫色衣服。孔子认为这是破坏礼的行为。

［疏解］

紫色非正色，郑声非正声，利口非正论。服饰音乐言论都是政治，政者正也，三者不正，非政也。故孔子恶之。

17.19 子曰："予欲无言。"子贡曰："子如不言，则小子何述焉？"曰："天何言哉？四时行焉，百物生焉。天何言哉？"

［译文］

夫子说："我想不说话了。"子贡曰："您如果不说话，那么我们传述什么呢？"夫子说："天说了什么呢？四季运行，百物生长。天说了什么呢？"

［疏解］

天地不言，四季运行，百物生长；

圣人不言，人道运行，伦理常在。

17.20 孺悲欲见孔子[1]，孔子辞以疾。将命者出户[2]，取瑟而歌，使之闻之。

［译文］

孺悲想见孔子，孔子推辞说有病，不见他。传话的人刚出门，（孔子便）拿过瑟来弹唱，（故意）让孺悲听到。

［注释］

1 孺悲：鲁国人。《礼记·杂记下》：“恤由之丧，哀公使孺悲之孔子学士丧礼，士丧礼于是乎书。”既言“士丧礼于是乎书”，则孔子是接见他并教导他了。这次拒绝接见应该是后来发生的事。

2 将命者：传话的人。

［疏解］

《孟子·告子下》：“教亦多术矣，予不屑之教诲也者，是亦教诲之而已矣。”

17.21 宰我问："三年之丧，期已久矣。君子三年不为礼，礼必坏；三年不为乐，乐必崩。旧谷既没，新谷既升，钻燧改火[1]，期可已矣[2]。"

子曰："食夫稻[3]，衣夫锦，于女安乎？"

曰："安。"

"女安，则为之！夫君子之居丧，食旨不甘，闻乐不乐，居处不安，故不为也。今女安，则为之！"

宰我出。子曰："予之不仁也！子生三年，然后免于父母之怀。夫三年之丧，天下之通丧也。予也有三年之爱于其父母乎？"

［译文］

宰我问："三年的守丧期，为期太长了。君子三年不讲习礼仪，礼仪必然荒废；三年不演奏音乐，音乐必然生疏。（况且经过一年）旧谷子已吃完，新谷子已上场，取火用的木料也都轮了一遍，（一个周期过去，一切重新开始）丧期可以结束了。"

夫子说："（父母去世还不满三年）你便吃那白米饭，穿那锦绸缎，你心安吗？"

宰我说："心安。"

（夫子说：）"你心安，你就这样做吧！君子守孝，吃美味不觉香甜，听音乐不觉快乐，住好房子不觉安适，所以才不那样做。如今你心安，你就去做吧！”

宰我出去了。夫子说：“宰予真不仁啊！孩子生下三年之后，才能脱离父母的怀抱。为父母守孝三年，是天下通行的丧礼。像宰予这样，他会有三年的爱心报答他的父母吗？”

[**注释**]

1 钻燧改火：古人钻木取火，所用的木料四季不同。各种木料一年轮用一遍，一年一个轮回，叫“改火”。钻燧改火，即指过了一年。

2 已：结束。

3 食夫稻：“夫”指示代词，这，那。古代水稻的种植面积很小，大米是很珍贵的粮食，所以拿它来和珍贵的“锦”相对。

[**疏解**]

孔子对于孝道，是从感情角度来理解和立论。

三年之丧，行之，是心安。不行，也是心安。

17.22　子曰：“饱食终日，无所用心，难矣哉！不有博弈者乎[1]？为之，犹贤乎已[2]。”

［译文］

夫子说："饱食终日，无所用心，不行啊！不是有掷彩下棋的游戏吗？下下棋，也比什么都不干要好些。"

［注释］

1 博：博彩。弈：下围棋。

2 贤：好，胜过，超过。已：止，指什么也不干。

［疏解］

孔子此处是说人生要有个不懈怠的状态，而人心更不可久废不用。

17.23 子路曰："君子尚勇乎？"子曰："君子义以为上。君子有勇而无义为乱，小人有勇而无义为盗。"

［译文］

子路问道："君子崇尚勇敢吗？"夫子说："君子把义看得最高。君子有勇而无义，就会作乱；小人有勇而无义，就会做强盗。"

［疏解］

子路此问，有非常明显的自我肯定的意味，而孔子对子路的这种骁勇之气深为忧虑，故以此告之。

17.24　子贡曰：“君子亦有恶乎？”

子曰：“有恶。恶称人之恶者，恶居下流而讪上者[1]，恶勇而无礼者，恶果敢而窒者[2]。”

曰：“赐也亦有恶乎？”

“恶徼以为知者[3]，恶不孙以为勇者，恶讦以为直者[4]。”

[译文]

子贡问道：“君子也有憎恶吗？”

夫子说：“有憎恶。憎恶专好指称别人缺点的人，憎恶身居下流而诽谤上流的人，憎恶恃强勇敢而无礼的人，憎恶果决敢为却不通事理的人。”

（夫子）问：“端木赐呀，你也有所憎恶吗？”

（子贡说：）“憎恶把追求侥幸得手当成聪明的人，憎恶把不谦逊当成是勇敢的人，憎恶把攻讦别人隐私当成正直的人。”

[注释]

1 下流：晚唐以前的本子没有“流”字。讪（shàn）：诽谤，诋毁。此上下，乃是指境界修养之上下，非地位高低之上下。19.20子贡言“君子恶居下流”，可证。

2 窒（zhì）：阻塞不通，引申为固执。

3 徼（jiǎo）：通“侥”，侥幸。

4 讦（jié）：攻击别人的短处，揭发别人的隐私。

［疏解］

喜称人之恶，少忠厚者也。境界不高、学问不深而谤讪上流之人，不向学而嫉妒者也。勇而无礼，乱也。果敢而窒，有决断而不通人情也。此孔子恶之。

以侥幸为聪明而沾沾自喜，以不逊为勇敢而扬扬自得，以攻讦为正直而自以为是，皆气质恶劣者也。此子贡恶之。

17.25 子曰：**“唯女子与小人为难养也[1]，近之则不孙，远之则怨。”**

［译文］

夫子说：“那些倾向于小人趣味的女人是难以相处的。亲近了就亵狎无礼；疏远了就满腹怨恨。”

［注释］

1 唯：似不能译为“唯独、只有”。应为发语词，不译。养：供养，共同相处。

[疏解]

“女人中那些倾向于小人趣味气质的”，生活中这类女人尽有，本质上是好人，善良勤劳，但是，却认同一些小人的趣味、爱好，琐碎、小气、狭隘，这样的女子，当然“难养”了。

17.26 子曰：“年四十而见恶焉[1]，其终也已。”

[译文]

夫子说：“年纪到了四十岁还表现出恶，也就算是完了。”

[注释]

1 见：现，呈现。一说：见，被，表示被动。恶：丑恶之恶，好恶之恶。

[疏解]

4.4子曰：“苟志于仁矣，无恶也。”则四十而有恶，非志于仁者。9.23“四十、五十而无闻焉，斯亦不足畏也已。”则“其终也已”，谓不足畏也。

微子篇第十八

18.1　微子去之[1]，箕子为之奴[2]，比干谏而死[3]。孔子曰："殷有三仁焉！"

［译文］

（纣王残暴无道的时候）微子离开了他，箕子做了他的奴隶，比干力谏不休被（纣王）杀死。孔子说："殷朝有三位仁人啊！"

［注释］

1 微子：纣王的同母兄，但其出生时其母只是帝乙的妾，后来才立为正妻。纣是其母立为正妻后生的，所以纣获得立嗣的正统地位而继承了帝位，微子则被封为子爵。纣王无道，微子屡谏不听，遂隐居荒野。之：与下文“为之奴”的“之”均代指殷纣王。

2 箕子：纣王的叔父。曾多次劝说纣王，纣王不听。箕子为求自保，遂披发装疯，被降为奴隶。

3 比干：纣王的叔父。强谏纣王，纣王大怒，曰：“吾闻圣人心有七窍。”遂将比干剖胸挖心。（《史记·殷本纪》）

[疏解]

这三人的行为，为我们提供了在黑暗时代不愿同流合污时最常见的三种处世方式：当隐士远离黑暗政治；佯狂自污以求生；正道直行杀身成仁。

18.2　柳下惠为士师[1]，三黜[2]。人曰：“子未可以去乎[3]？”曰：“直道而事人，焉往而不三黜？枉道而事人，何必去父母之邦？”

[译文]

柳下惠做法官，多次被免职。有人说：“您不可以离开鲁国吗？”柳下惠说：“正直地事奉人君，到哪一国去不会被多次免职？（如果为了保住职位而）不正直地事奉人君，何必要离开自己的祖国？”

［注释］

1 士师：古代掌管司法刑狱的官员。

2 三黜（chù）：多次被罢免。三：表示多次。黜：罢免。

3 去：离开。

［疏解］

柳下惠把官场看透了，也把自己看透了。

18.3 齐景公待孔子曰："若季氏，则吾不能。"以季孟之间待之。曰："吾老矣，不能用也。"孔子行[1]。

［译文］

齐景公讲到对孔子的待遇时说："像（鲁国国君）对待季氏那样，那我做不到。"于是用介于季孙氏和孟孙氏之间的待遇来对待孔子。（后来又）说："我老了，不能用他了。"孔子便离开了齐国。

［注释］

1 孔子行：公元前517年（鲁昭公二十五年），昭公攻季氏，三家反击，昭公奔齐，孔子随后也到齐国，齐景公想重用他，但齐国大夫中有人反对，甚至扬言要杀孔子。齐景公迫于压力，只好放弃了这一想法。孔子于是离开齐国。

［疏解］

枉道而事人，何必去父母之邦？所以，孔子回来了。

18.4 齐人归女乐[1]，季桓子受之，三日不朝，孔子行。

［今译］

齐国人送了一群歌姬舞女给鲁国，季桓子接受了，三天不上朝。孔子便离开了鲁国。

［注释］

1 归：同“馈”，赠送。

［疏解］

《史记》：“鲁定公十年，孔子为鲁司寇，方当政，齐人谋沮之，馈鲁以女乐，定公与季孙君臣相与观之，废朝礼三日，孔子遂行。”

18.5 楚狂接舆歌而过孔子曰[1]：“凤兮[2]！凤兮！何德之衰？往者不可谏[3]，来者犹可追。已而，已而，今之从政者殆而。”

孔子下，欲与之言。趋而辟之，不得与之言。

［译文］

楚国的狂人接舆唱着歌从孔子的车旁经过，他唱道："凤凰呀！凤凰呀！为何德行这么衰颓？你做过的事不能改变，将来的事你还来得及改弦易辙。算了吧，算了吧，如今从政的人危险啊。"

孔子赶紧下车，想同他谈谈。他快步避开了，没同他说上话。

［注释］

1 接舆："接"，迎。"舆"，车。此人忽然而来，倏然而去，当然不知其姓名，因他出现时迎面遇着孔子的车，就把这人叫"接舆"。下文"长沮""桀溺"的称名亦如此。

2 凤：凤凰。传说凤凰有道则见，无道则隐，而孔子世无道却不能隐，所以接舆说孔子这个凤凰德行衰微。

3 谏：此处是改正的意思。

［疏解］

见18.7。

18.6 长沮、桀溺耦而耕[1]，孔子过之，使子路问津焉。

长沮曰："夫执舆者为谁[2]？"

子路曰："为孔丘。"

曰："是鲁孔丘与[3]？"

曰："是也。"

曰："是知津矣。"

问于桀溺。桀溺曰："子为谁？"

曰："为仲由。"

曰："是鲁孔丘之徒与？"

对曰："然。"

曰："滔滔者天下皆是也，而谁以易之[4]？且而与其从辟人之士也，岂若从辟世之士哉[5]。"耰而不辍[6]。

子路行以告。夫子怃然曰[7]："鸟兽不可与同群，吾非斯人之徒与而谁与[8]？天下有道，丘不与易也[9]。"

［译文］

长沮、桀溺两人并力耕田，孔子经过他们那里，让子路去打听渡口。

长沮问："那驾车的人是谁？"

子路说："是孔丘。"

（长沮）说："是鲁国孔丘吗？"

（子路）说："正是。"

（长沮）说："他自己该知道渡口在哪里。"

子路只好去问桀溺。桀溺说："您是谁？"

（子路）说：“是仲由。”

（桀溺）说：“是孔子的弟子吗？”

（子路）回答说：“是的。”

（桀溺）说：“世道纷乱滔滔，礼坏乐崩处处如此，你们和谁去改变这种现状呢？（至于你嘛，）你与其跟随孔丘那种避人的人，还不如跟随我们这些避世的人呢。”一边说，一边还不停地翻土覆盖播下的种子。

子路回来把这些话告诉孔子。孔子怅惘地叹息说：“人是不能与鸟兽生活在一起的，我不同这世上的人在一起，还同什么在一起呢？（不正是由于天下无道，才要我们来努力治理吗？）假若天下有道，我孔丘就不会来改变它。”

［注释］

1 长沮、桀溺：在泥水中劳动的一高（长）一壮（桀）的两个隐士。沮（jǔ）：泥水之处。溺：浸在水中。长沮、桀溺，都是因形因境造名。参见18.5注释2。耦（ǒu）：齐头并力耕种或前后接力耕种。

2 执舆者：驾车的人，孔子。

3 与：通“欤”，吗。

4 以：此处作“与”讲。

5 且：而且。而：同“尔”，你。辟人之士、辟世之士：参见14.37阐释部分。

6 耰（yōu）：平整土地，覆盖种子。

7 怃（wǔ）然：怅惘失意的样子。

8 斯人之徒：指世上的人们。

9 与：相与，参与。易：变易，改革。

［疏解］

见18.7。

18.7 子路从而后，遇丈人[1]，以杖荷蓧[2]。

子路问曰："子见夫子乎？"

丈人曰："四体不勤，五谷不分，孰为夫子？"植其杖而芸[3]。

子路拱而立。

止子路宿，杀鸡为黍而食之[4]，见其二子焉。

明日，子路行以告。

子曰："隐者也。"使子路反见之，至则行矣。

子路曰："不仕无义。长幼之节不可废也，君臣之义如之何其废之？欲洁其身而乱大伦。君子之仕也，行其义也，道之不行，已知之矣。"

［译文］

子路跟随孔子周游列国，掉队了，遇上一位老人，用木杖挑着除草的农具。

子路问："您看见我老师了吗？"

老人说："四肢不勤劳，五谷分不清。谁是老师？"把木杖插在地上，开始除草。

子路拱手站在一旁。

老人留子路住宿，杀鸡、做黍米饭给子路吃，让两个孩子出来见了子路。

第二天，子路赶上孔子，把这件事告诉了孔子。

夫子说："这是隐士啊。"让子路回去看老人。子路到了那里，老人却走开了。

子路说："不出来做官是不义的。（让孩子出来见我，长幼之间还是有规矩的。）长幼之间的礼节不可废弃，君臣之间的名分为什么就废弃了呢？想洁身自好，却乱了君臣间大的伦理关系（这是因小失大的）。君子之所以要从政做官，是为了推行义（而不是为了个人富贵）。至于道不能行得通，我们早就知道的了。"

［注释］

1 丈人：老年男子。

2 荷（hè）：挑，担，扛。蓧（diào）：古代一种除草工具。

3 芸：同"耘"，除草。

4 食（sì）：拿东西给别人吃。

［疏解］

18.5、18.6、18.7这三节，集中体现了孔子伟大的救世精神。正是这种精神，使孔子有别于一般的哲学家、思想家，而成为一位伟大的先知。

18.8　逸民[1]：伯夷，叔齐，虞仲，夷逸，朱张，柳下惠，少连[2]。

子曰："不降其志，不辱其身，伯夷、叔齐与！"

谓柳下惠、少连："降志辱身矣，言中伦[3]，行中虑，其斯而已矣。"

谓虞仲、夷逸："隐居放言，身中清，废中权。"

"我则异于是，无可无不可[4]。"

［译文］

逸民有：伯夷，叔齐，虞仲，夷逸，朱张，柳下惠，少连。

夫子说："不降低自己的志向，不辱没自己的身份，就是伯夷、叔齐吧！"

说柳下惠、少连："降低志向辱没身份了，但言辞合乎伦理，行为经过深思熟虑。他们也就这样了。"

说虞仲、夷逸："隐居山林，说话放肆，立身合乎清白，弃官合乎权变。”

（又说：）“我却与这些人不同：没有什么可以，也没有什么不可以。”

［**注释**］

1 逸民：隐退不仕的闲散之人。

2 伯夷等七人：都是古代道德高尚的人物。

3 中（zhòng）：符合，合于。

4 “无可”句：意思是不固执一端，而是随机应变，见机行事。

［**疏解**］

此章的要义在于“无可无不可”，这是一种境界，是“从心所欲，不逾矩”（2.4）的境界。

世事有变有常，丈夫能屈能伸。屈伸之间，唯义是从。

18.9　太师挚适齐[1]，亚饭干适楚[2]，三饭缭适蔡，四饭缺适秦；鼓方叔入于河[3]，播鼗武入于汉[4]；少师阳、击磬襄[5]入于海。

［**译文**］

太师挚去了齐国，亚饭乐师干去了楚国，三饭乐师缭去了蔡国，四饭乐师缺去了秦国；打鼓的方叔去了黄河之滨，摇小鼓的武去了汉水之涯；少师阳和击磬的襄去了海滨。

［**注释**］

1 太师挚：可能就是师挚，参见8.15。

2 亚饭：按周朝制度规定，天子和诸侯吃饭时要奏乐。“亚饭”可能是第二次吃饭时奏乐的乐师，“三饭”“四饭”依此类推。干：及下文“缭”“缺”，均为乐师名。

3 鼓方叔：打鼓的乐师，名方叔。河：黄河。

4 播：摇。鼗（táo）：长柄摇鼓，两旁系有小槌。武：是摇小鼓的乐师的名字。

5 少师：副乐师，乐师的助理。阳：人名。击磬襄：敲磬的乐师，名襄。

［**疏解**］

这几句话看起来很枯燥，实际上是“一声何满子，双泪落君前”。

18.10 周公谓鲁公曰[1]：“君子不施其亲[2]，不使大臣怨乎不以[3]。故旧无大故，则不弃也；无求备于一人。”

[**译文**]

周公对鲁公说："君子不疏远自己的亲族，不让大臣埋怨不任用他们。旧臣故友没有重大过错，就不废弃他们；不要对一个人求全责备。"

[**注释**]

1 周公：武王之弟，名姬旦。鲁公：周公的儿子伯禽。

2 施：同"弛"，松弛，引申为疏离、疏远。

3 以：用，任用。

[**疏解**]

这段话，应该是孔子向弟子们转述的周公对儿子说的话。

18.11 周有八士：伯达，伯适，仲突，仲忽，叔夜，叔夏，季随，季騧。

[**译文**]

周朝有八位名士：伯达，伯适，仲突，仲忽，叔夜，叔夏，季随，季騧。

[**疏解**]

本章先述殷之三仁，后称柳下惠，再叹楚狂接舆、长沮、桀溺，又论逸民七人，乐师八人，终以赞周人才之盛：一门之中，兄弟八人人人皆贤。这是真正的时代祥瑞！而孔子身处衰世，前不见古人，后不见来者，念天地之悠悠，独怆然而涕下！

子张篇第十九

19.1　子张曰："士见危致命，见得思义，祭思敬，丧思哀，其可已矣。"

［译文］

子张说："士遇见国家危难能献出自己生命，见到利能想到义，祭祀时想着恭敬严肃，临丧时想着悲伤哀痛。这样也就可以了。"

［疏解］

见危致命是忠勇，见得思义是礼义，丧祭哀敬是慈悲与敬畏。一是责任心，一是廉耻心，一是敬畏心。人而有此，可以为士矣。

19.2　子张曰："执德不弘[1]，信道不笃，焉能为有？焉能为亡[2]？"

［译文］

子张说："对心中的仁德不能发扬光大，对道义的信仰不能坚定诚实，（这种人）是算有他，还是算没他？"

［注释］

1 弘：弘扬，发扬光大。

2 焉能：怎能。为：算是。亡：同"无"。此句一般认为是说这种人无足轻重，译文暂从。但窃疑子张本意，是说"德"与"道"。意为：虽执德而不能发扬，虽信道而不能坚定，这种若存若无的"德"和"道"，算你有，还是算你没有？

［疏解］

子张有身份，说话有口气，有居高临下之态。

19.3　子夏之门人问交于子张。子张曰："子夏云何？"

对曰："子夏曰：'可者与之，其不可者拒之。'"

子张曰："异乎吾所闻：君子尊贤而容众，嘉善而矜不能[1]。我之大贤与，于人何所不容？我之不贤与，人将拒我，如之何其拒人也？"

［译文］

子夏的门人向子张询问交友之道。子张反问："子夏怎么说的？"

子夏的门人回答："子夏说：'可交的就与他交，那些不可交的就拒之门外。'"

子张说："不同于我听说的：君子尊敬贤人，容纳众人；赞美好人，善待能力差的人。我是很贤明的吗？对别人什么不能容纳呢？我不贤明吗？别人将会拒绝我，还怎能拒绝别人呢？"

［注释］

1 矜（jīn）：怜悯，同情，善待。

［疏解］

子夏谈的是交友，子张谈的是交往。

19.4 子夏曰："虽小道[1]，必有可观者焉。致远恐泥[2]，是以君子不为也。"

［译文］

子夏说："即使一些小技艺、小技巧，也一定有可取之处。但要凭借这些通达大道，恐怕就要有所妨碍了。所以君子不从事这些小技艺。"

［注释］

1 小道：指某一方面的技能、技艺。

2 泥（nì）：留滞，拘泥，纠缠其中而不能脱身。

［疏解］

小技巧，小手艺，虽有巧，有艺，有技，甚至可得道之一体，但不脱于"小"，"虽小却好，虽好却小"，局限性比较大，若孜孜于小不能脱颖而出，钻牛角尖而不知大道在后，则愈钻愈狭，于求大道反如南辕北辙。

19.5　子夏曰："日知其所亡，月无忘其所能，可谓好学也已矣。"

［译文］

子夏说："每天学会一些过去不知道的，每月熟记已经掌握的，可以说是好学了。"

［疏解］

子夏说的，是有关学习的小道理。道理虽小，用处却大。

19.6 子夏曰："博学而笃志，切问而近思[1]，仁在其中矣。"

［译文］

子夏说："知识广博，志向坚定，对社会现实发疑问，对当下问题进行思考，仁德就在这中间了。"

［注释］

1 切：切近（社会现实与自身修为）。一般注本释为恳切，似不妥。切问，问切，关注现实问题与自身问题。近：与"切"意相同。近思：思近，思考当下问题。

［疏解］

"博学而笃志"是"体"，"切问而近思"是"用"。

学须博，不博则狭隘固执；志须笃，不笃则动摇不定。问须切，不切则玄虚；思须近，不近则瓠落。

19.7 子夏曰："百工居肆以成其事[1]，君子学以致其道。"

[译文]

子夏说："各行业的工匠待在作坊里完成自己的工作，君子也致力于学习以求实现道。"

[注释]

1 肆：此指古代制造物品的工场。

[疏解]

百工成器，君子致道。所为不同，所以为则同。

19.8 子夏曰："小人之过也必文。"

[译文]

子夏说："小人对过错必定加以掩饰。"

[疏解]

君子之过也必改。

19.9 子夏曰："君子有三变：望之俨然，即之也温，听其言也厉。"

[**译文**]

子夏说："君子（让人觉得）有三种变化：看他的外表很严肃，接近他时很温和，听他说话很严厉。"

[**疏解**]

俨然者，礼貌恭敬。温煦者，仁德内充。言厉者，义气发扬。

君子三变者，不过是礼、仁、义三种内涵的依次流露而已！

19.10 子夏曰："君子信而后劳其民；未信，则以为厉己也[1]。信而后谏；未信，则以为谤己也。"

[**译文**]

子夏说："君子先取得信任，然后再去支使民众；未取得信任（就去支使民众，人民）就会以为是在虐待他们。先取得信任，然后再对人进行劝谏；未取得信任（就去贸然进谏），就会被认为是在诽谤他。"

[**注释**]

1 厉：虐待，折磨。

［疏解］

做事要有次序。先取得信任，才不会被误解。事情也才能做得成，建议也才会被接受。

19.11　子夏曰：“大德不逾闲[1]，小德出入可也。”

［译文］

子夏说：“在重大节操上不能逾越界限，在生活小节上有点出入是可以的。”

［注释］

1 大德：与下“小德”相对，犹言大节。小德即小节。闲：本义是阑，栅栏。引申为限制。

［疏解］

道德应该有这样一个共识：宽松才可行。

19.12　子游曰：“子夏之门人小子，当洒扫应对进退，则可矣，抑末也[1]。本之则无，如之何？”子夏闻之，曰：“噫！言游过矣！君子之道，孰先传焉？孰后倦焉[2]？譬诸草木，区以别矣？君子之道，焉可诬也？有

始有卒者，其惟圣人乎！”

［译文］

子游说：“子夏的门人，做些洒水扫地、接待迎送的事是可以的，但这可能只是末节吧。学问的根本却没有，对此怎么办呢？”子夏听了这些话，说：“咳！言游错了！对君子之道的学习，（我们一开始哪里知道学习者中谁可以坚持到最后，于是）先传给他根本大道（然后再次第教他洒扫应对进退）？谁又会坚持不下去半途倦怠，于是直接教给他基本的洒扫应对进退？（人的心性不易辨识且会变化）学习者哪里能如同草木一样，（可以一开始就）加以分类然后区别对待呢？（所以，教给学习者洒扫应对恰恰是给他一个基本的礼仪训练，如果他能坚持下去，再接着学习根本大道，这才是照顾到所有人的学习次序啊。）君子之道，怎么可以解释得这样高远缥缈呢？能有始有终下学而上达的，大概只有圣人吧！”

［注释］

1 抑：抑或，可能，或许。末：末节。

2 “孰先”“孰后”：孰，一般理解为“什么”，指君子之道的内容，疑不确。当为“谁”，指不同的学习者。

［疏解］

其实，子游子夏所说，都有道理。一个讲学习的终极目标，一个讲学习的次序起点。

19.13 子夏曰："仕而优则学[1]，学而优则仕。"

［译文］

子夏说："做官而有余力就去学习；学习而有余力便去做官。"

［注释］

1 优：朱子《集注》："优，有余力也。"即"行有余力"（1.6）有余裕或余力。

［疏解］

孔子开创的私学，无学制，无年限，无时限，无入籍，无毕业，是成人的终身学习和生活方式。所以，孔子的学生，如冉求，如子路，如子贡，等等，都是有时在学，有时在仕的。仕与学，学与仕，两种状态，随时转换。

19.14 子游曰："丧致乎哀而止。"

［译文］

子游说：“居丧，充分体现出悲哀之情就够了。”

［疏解］

关键词：致与止。不致则不哀；不止则伤。无过无不及。

3.4孔子曰“丧，与其易也，宁戚。”致也。

3.20孔子曰“哀而不伤”，止也。

19.15 子游曰：“吾友张也，为难能也，然而未仁。”

［译文］

子游说：“我的朋友子张啊，是难能可贵的人啊，然而还没做到仁。”

［疏解］

见下则（19.16）。

19.16 曾子曰：“堂堂[1]乎张也，难与并为仁矣。”

［注释］

1 堂堂：盛大，雄壮，有威仪。钱穆解释“堂堂”，举兵书之“堂堂之阵”及言辞之“堂堂之锋”为例，说明堂堂者，意谓不可近也。

［译文］

曾子说：“堂堂正正的子张啊，（可惜）很难同他一起修习仁德。”

［疏解］

子游说子张“未仁”，曾子说“难与并为仁矣”，盖子张虽则“未仁”，却也一直在努力“为仁”。

19.17 曾子曰：“吾闻诸夫子，人未有自致[1]者也，必也亲丧乎！”

［注释］

1 自致：情感自然而来，不能自制。

［译文］

曾子说：“我听老师说过，（平常时候）人没有情不自禁的，情不自禁必定是在父母去世时吧！”

［疏解］

人是生而自由的，但又无往不在枷锁之中，包括流露情感，都有种种社会性压力和约束。只有在父母去世时，人们才能为人同情地借此恸哭，才能淋漓尽致地表达作为人的哀痛而不羞惭，且不为他人疑怪。

19.18 曾子曰："吾闻诸夫子：孟庄子之孝也[1]，其他可能也，其不改父之臣与父之政，是难能也。"

［译文］

曾子说："我听老师说过：孟庄子的孝行，其他方面别的人也能做到，但他不撤换父亲的旧臣，不改易父亲的政治政策，那是别人难以做到的。"

［注释］

1 孟庄子：鲁国大夫。

［疏解］

或许，孟庄子父之臣与父之政，有值得肯定的地方，臣是贤臣，政是善政，所以孟庄子谨守而不改。即便父之臣与政有不善不良之处，谨守不改，也有令人感动之处，体现了对已逝父亲的不舍情感。

19.19 孟氏使阳肤为士师[1]。问于曾子。曾子曰："上失其道，民散久矣。如得其情，则哀矜而勿喜[2]！"

［**译文**］

孟孙氏任命阳肤为法官。阳肤向曾子讨教。曾子说："当政的人失去道义，民心离散已经很久了。你如果了解到百姓的实情，应当同情怜悯他们，而不要（因侦悉他们的过错而）沾沾自喜！"

［**注释**］

1 阳肤：曾参弟子。

2 矜：怜悯，怜惜，同情。

［**疏解**］

当一个国家混乱到人民无法按正道合法、守法地生存时，他们的犯罪，引起我们的可不就是这悲天悯人之情吗？而有这种情感的人，岂不就是真正的君子？

19.20 子贡曰："纣之不善[1]，不如是之甚也[2]。是以君子恶居下流[3]，天下之恶皆归焉[4]。"

［译文］

子贡说："殷纣王的不善，不像传说的那样严重。所以君子非常害怕居于下流，（因为一旦居于下流，就会像纣王一样）天下的所有的恶名就都归到他头上了。"

［注释］

1 纣：商朝最后一个君主，有名的暴君。

2 是：代词。指人们传说的那样。

3 恶（wù）：本义为讨厌、憎恨、憎恶，此处意为担心、害怕。下流：地势卑下处。这里指因失德而为人轻贱者。

4 恶（è）：坏事，罪恶。

［疏解］

凡压迫人民的，不论你其他地方有什么功绩，都会一笔勾销，一票否决！

19.21　子贡曰："君子之过也，如日月之食焉[1]：过也，人皆见之；更也，人皆仰之。"

［译文］

子贡说："君子的过错，如同日食月食：犯错误的时候，人人都看得见；改正的时候，人人都仰望着。"

［注释］

1 食：同“蚀”。

［疏解］

君子光明磊落，即使犯错误，也不加掩饰，所以“人皆见之”。君子改正错误，顺乎人心，深孚众望，所以，“人皆仰之”。人们看日月之蚀，盼其复圆，人们对君子的缺点与不足，亦如此心。

19.22 卫公孙朝问于子贡曰[1]：“仲尼焉学？”子贡曰：“文武之道，未坠于地[2]，在人。贤者识其大者，不贤者识其小者，莫不有文武之道焉。夫子焉不学？而亦何常师之有[3]？”

［译文］

卫国的公孙朝向子贡问道：“仲尼是从哪儿学习的？”子贡说：“周文王、周武王之道，并未失传，人们还记着。贤能的人认识到大的方面，不贤的人记住小的方面，没有什么地方没有文武之道。夫子哪里不能学呢？而又何尝非得有固定的老师呢？”

［注释］

1 公孙朝：卫国的大夫。

2 坠于地：掉到地下。这里指被人遗忘，失传。

3 常师：固定的老师。

［疏解］

儒家文化源头，乃是文武之道。而文武之道，又来源于尧舜禹汤，这是一脉相承的文化道统。孔子承绪道统，好学好古，所学者，尧舜禹汤文武周公而已。

19.23 叔孙武叔语大夫于朝曰[1]："子贡贤于仲尼。"

子服景伯以告子贡[2]。

子贡曰："譬之宫墙[3]，赐之墙也及肩，窥见室家之好。夫子之墙数仞[4]，不得其门而入，不见宗庙之美，百官之富[5]。得其门者或寡矣。夫子之云，不亦宜乎！"

［译文］

叔孙武叔在朝廷上对大夫们说："子贡强于孔仲尼。"

子服景伯把这话告诉了子贡。

子贡说："这就如同房舍的围墙，我的围墙只到肩膀，因而人们都能窥见房屋的美好。我老师的围墙有数仞高，找不到门进去，（光在外面）看不到宗庙的美好和各个房舍的丰富多彩。找得到门进去的人可能很少吧。（叔孙）老先生的话不也很自然吗？”

［注释］

1 叔孙武叔：名州仇，鲁国大夫。

2 子服景伯：名何，鲁国大夫。

3 宫：房屋，住舍。

4 仞（rèn）：古代长度单位，七尺（或说八尺）叫一仞。

5 官：本义是房舍，后来才引申为做官，官职。这里用本义。

［疏解］

此章及以下两章（19.24；19.25）都有关孔子在当时的名声，并且此章和19.25章还反映出，当时不少人认为子贡比他老师还强。这让子贡很惶恐。

子贡是一个出色的外交家，也是一个成功的商人，这样的人，得到很多人的好评，获得很大的声誉，是可以理解的。一般人也就以此认为子贡比孔子还强。但是，就学问的广博、思想的深刻、人格的伟大等诸多方面看，孔子确实远在一般人之上，也远在子贡之上。

19.24 叔孙武叔毁仲尼。

子贡曰："无以为也！仲尼不可毁也。他人之贤者，丘陵也，犹可逾也；仲尼，日月也，无得而逾焉。人虽欲自绝[1]，其何伤于日月乎？多见其不知量也。"

[译文]

叔孙武叔诋毁仲尼。

子贡说："不要这样啊！仲尼是诋毁不了的。其他人的贤德，如同小山小丘，还可以越过去；仲尼，那是太阳和月亮啊，是无法越过的。即使有人想要自绝于太阳和月亮，对太阳和月亮又有什么损伤呢？只是看出这种人不自量力啊。"

[注释]

1 自绝：自行断绝跟对方之间的关系。

[疏解]

参见19.23。

19.25 陈子禽谓子贡曰[1]："子为恭也，仲尼岂贤于子乎？"

子贡曰："君子一言以为知，一言以为不知，言不可不慎也。夫子之不可及也，犹天之不可阶而升也。

夫子之得邦家者，所谓立之斯立，道之斯行[2]，绥之斯来[3]，动之斯和。其生也荣，其死也哀。如之何其可及也？”

［**译文**］

陈子禽对子贡说：“您对仲尼是有意表现恭敬吧，他哪里比您更强呢？”

子贡说：“君子一句话可以显出聪明，一句话也可以显出不聪明，说话不可不谨慎呀。我们老师的不可及，就好像天是不能通过阶梯登上去一样。我们老师如能获得权位而为诸侯、为大夫，那就像（人们）所说的：他要建立什么，什么就建立了；他要引导百姓，（百姓）就会前进；他要安抚百姓，（百姓）就会来归附；他要发动百姓，（百姓）就会团结协力。他生的光荣，死的哀荣。像这样谁能比得上呢？”

［**注释**］

1 陈子禽：参见1.10注。

2 道：同“导”，引导。

3 绥（suí）：安抚。

［**疏解**］

参见19.23。

尧曰篇第二十

20.1　尧曰："咨！尔舜，天之历数在尔躬，允执其中。四海困穷，天禄永终。"[1]

舜亦以命禹。[2]

曰："予小子履敢用玄牡，敢昭告于皇皇后帝：有罪不敢赦。帝臣不蔽，简在帝心。朕躬有罪，无以万方；万方有罪，罪在朕躬。"[3]

周有大赉，善人是富。[4]

"虽有周亲，不如仁人。百姓有过，在予一人。"[5]

谨权量，审法度，修废官，四方之政行焉。兴灭国，继绝世，举逸民，天下之民归心焉。

所重：民，食，丧，祭。[6]

宽则得众，信则民任焉，敏则有功，公则说。

［译文］

尧说："嗨！你这个舜！天意所定的继承顺序在你身上，（你）要诚实地保持执守中正之道。如果天下百姓陷于贫困，上天赐给你的禄位就会永远终止了。"

舜传位给禹的时候也用这些话嘱咐了禹。

（商汤）说："我小子履，斗胆用黑色的公牛来祭祀，冒昧地向光明而伟大的天帝祷告：有罪的人，（我）不敢擅自赦免。您臣仆（的善恶），我也不敢掩盖，您心里是清晰明了的。我自己有罪过，求您不要归罪天下万方；天下万方有罪，罪过都在我身上。"

周朝大发赏赐，善人都得到富贵。

（周武王说：）"我虽有同姓至亲，却不如有仁德的人。百姓有过错，罪过都是我种下的。"

重视度量衡（的审核），严格考核国家法令制度，恢复被废弃的官职与机构，天下四方的政令就通行了。复兴灭亡了的国家，接续断绝了的世族，举荐遗落在野的人才，天下民心就归服了。

所重视的是：人民，粮食，丧葬，祭祀。

宽厚就会得到众人的拥护；诚实守信，就会得到人民的信任；勤敏就会成功；公平就会使百姓高兴。

[**注释**]

1 朱熹《集注》：“此尧命舜，而禅以帝位之辞。”天之历数：天命运转的次序。尔躬：你身上。允执其中：允，真诚。中，中庸。

2 《集注》：“舜后逊位于禹，亦以此辞命之。今见于《虞书·大禹谟》，比此加详。”

3 《集注》：“此引《商书·汤诰》之辞。盖汤既放桀而告诸侯也。与《书》文大同小异。”履，商汤名。“予小子”和下文“予一人”都是上古帝王自称之词。皇皇：光明盛大。帝臣不蔽：帝臣，天帝之臣。不蔽，不蔽其善。简在帝心：简，清晰明了。帝心，上帝之心。朕躬：汤自称。

4 《集注》：“此以下述武王事。赉，予也。武王克商，大赉于四海。见《周书·武成》篇。”

5 周亲：至亲。在予一人：《书·泰誓中》：“百姓有过，在予一人。”

6 《周书·武成》曰：“重民五教，惟食丧祭。”

[**疏解**]

中国文化传统中指称“王道”的时代，就是尧舜禹汤文武周公的时代。

《论语》这段文字，是对消逝了的“王道”时代的怅然回望。

20.2 子张问于孔子曰："何如斯可以从政矣[1]？"

子曰："尊五美，屏四恶[2]，斯可以从政矣。"

子张曰："何谓五美？"

子曰："君子惠而不费，劳而不怨，欲而不贪[3]，泰而不骄，威而不猛。"

子张曰："何谓惠而不费？"

子曰："因民之所利而利之，斯不亦惠而不费乎？择可劳而劳之，又谁怨？欲仁而得仁，又焉贪？君子无众寡，无小大，无敢慢，斯不亦泰而不骄乎？君子正其衣冠，尊其瞻视，俨然人望而畏之，斯不亦威而不猛乎？"

子张曰："何谓四恶？"

子曰："不教而杀谓之虐；不戒视成谓之暴；慢令致期谓之贼；犹之与人也，出纳之吝谓之有司[4]。"

［译文］

子张问孔子："怎样做就可以从政了呢？"

夫子说："尊重五种美德，摒除四种恶政，就可以从政了。"

子张说："五种美德是什么？"

夫子说："君子使百姓得到好处，却没什么耗费；安排劳役，却不引起怨恨；虽有欲望，却不贪婪；庄重而不骄傲；威严而不凶猛。"

子张说："什么叫惠而不费呢？"

夫子说："顺着百姓的利益而让百姓去获得利益，不就是使百姓得到好处而自己无所耗费吗？选择可以让百姓去干的劳役让他去干，谁还怨恨呢？求仁而得仁，还贪求什么呢？无论人多人少、势力大小，都不轻慢他们，这不就是庄重而不傲慢吗？君子把衣冠穿得端正整齐，使自己的目光郑重威严，庄严得使人望而敬畏，这不就是威严而不凶猛吗？"

子张说："什么叫四种恶政？"

夫子说："不加教育就杀戮，这叫虐；事先不告诫不打招呼，等他做成坏事（再随后去惩罚他），这叫暴；很晚才下令制止故意等待百姓触犯律条，这叫贼；同样是给人东西，出手时显得很吝啬，这叫小家子气。"

［注释］

1 斯：就。

2 屏：通"摒"，摒除。

3 欲而不贪：有正常欲望，却不贪婪。

4 有司：有关责任人。此类人负责具体事务，必谨慎小心生怕出错，从而斤斤计较、锱铢必较，一个官员如果这样就显得吝啬而小家子气了。另，《中国史研究》2014年第4期200—202页发表侯乃峰文章《据新出初简校读〈论语〉一则》，该文认为，"有司"二字乃一"贪"字，因形近误抄为两字。录此备注。

［疏解］

“五美”，是说从政者应该做到的。

“四恶”，是说从政者应该避免的。

20.3　孔子曰：“不知命，无以为君子也；不知礼，无以立也；不知言，无以知人也。”

［译文］

孔子说：“不懂天命，就没有可能成为君子；不懂礼义，就无法立足于社会；不懂分析辨别言论，就无法了解人。”

［疏解］

命者，天文也。知命者，知天道，知自然，知宇宙法则，知为人使命也。

礼者，人文也。知礼者，知人道，知社会，知文化制度，知立身之地也。

言者，人言也。知言者，知人物，识贤愚，知是非善恶，知趋避取舍也。

此章言人在自然、社会中，当具何种人格也。

《论语》二十篇，五百多章，以此三大纲领收束之，此则儒家学说之核心也。

附　录

主要参考文献

[汉]司马迁：《史记》，北京：中华书局，1982年版。

[汉]班固：《汉书》，北京：中华书局，1962年版。

[汉]许慎撰，[清]段玉裁注：《说文解字注》，上海：上海古籍出版社，1981年版。

[汉]刘向撰，向宗鲁校证：《说苑校证》，北京：中华书局，1987年版。

[魏]王弼注，楼宇烈校释：《老子道德经注校释》，北京：中华书局，2008年版。

[宋]朱熹：《四书章句集注》，北京：中华书局，2012年版。

[宋]黎靖德编，王星贤点校：《朱子语类》，北京：

中华书局，1988年版。

［清］王先谦撰，沈啸寰、王星贤点校：《荀子集解》，北京：中华书局，1988年版。

［清］阮元校刻：《十三经注疏》，北京：中华书局，2009年版。

［清］刘宝楠撰，高流水点校：《论语正义》，北京：中华书局，1990年版。

［清］郭庆藩：《庄子集释》，北京：中华书局，1982年版。

王国维：《观堂集林》，北京：中华书局，1959年版。

柳诒徵：《中国文化史》，上海：上海古籍出版社，2001年版。

许维遹：《韩诗外传集释》，北京：中华书局，1980年版。

傅斯年著，欧阳哲生主编：《傅斯年全集》（第2卷），长沙：湖南教育出版社，2000年版。

杜道生：《论语新注新译》，北京：中华书局，2011年版。

程树德撰，程俊英、蒋见元点校：《论语集释》，北京：中华书局，1990年版。

钱穆：《论语新解》，北京：生活·读书·新知三联书店，2012年版。

钱穆：《四书释义》，北京：九州出版社，2010年版。

钱穆：《孔子传》，北京：生活·读书·新知三联书店，2005年版。

杨伯峻：《论语译注》，北京：中华书局，2009年版。

杨逢彬：《论语新注新译》，北京：北京大学出版社，2016年版。

杨朝明、宋立林主编：《孔子家语通解》，济南：齐鲁书社，2013年版。

何宁：《淮南子集释》，北京：中华书局，1998年版。

陈来：《古代宗教与伦理：儒家思想的根源》，北京：生活·读书·新知三联书店，1996年版。

李零：《丧家狗——我读〈论语〉》，太原：山西人民出版社，2007年版。

王蔚、梦溪编著：《论语注译及人物类编》，济南：山东大学出版社，2016年版。

刘强：《论语新识》，长沙：岳麓书社，2016年版。

缪文远：《战国策新校注》，成都：巴蜀书社，1987年版。

张涛：《列女传译注》，济南：山东大学出版社，1990年版。

鲍鹏山：《孔子传》，北京：中国青年出版社，2013年版。